中等职业教育“十三五”规划创新教材

YOUERYUAN SHUXUE JIAOYU HUODONG ZHIDAO

幼儿园数学教育活动指导

主　编　张青青
副主编　郑艾明　张　倩　邱晓丽　韩春梅
　　　　米伟娟　贾金娜　周　玲

北京邮电大学出版社
www.buptpress.com

图书在版编目(CIP)数据

幼儿园数学教育活动指导 / 张青青主编. -- 北京 :
北京邮电大学出版社，2013.12
ISBN 978-7-5635-3836-2

Ⅰ. ①幼… Ⅱ. ①张… Ⅲ. ①数学教学—学前教育—
中等专业学校—教材 Ⅳ. ①G613.4

中国版本图书馆 CIP 数据核字(2013)第 317678 号

书　　名 幼儿园数学教育活动指导
主　　编 张青青
责任编辑 冀爱芳
出版发行 北京邮电大学出版社
社　　址 北京市海淀区西土城路 10 号　邮编 100876
经　　销 各地新华书店
印　　刷 北京荣玉印刷有限公司
开　　本 787 mm×1092 mm　1/16
印　　张 11
字　　数 261 千字
印　　次 2019 年 6 月第 3 次印刷
书　　号 ISBN 978-7-5635-3836-2
定　　价 28.80 元

如有印刷问题请与北京邮电大学出版社联系　电话:(010)62283578
E-mail:publish@bupt.edu.cn　　Http://www.buptpress.com

出版说明

本书根据《幼儿园教育指导纲要(试行)》(教育部2001年颁发,2001年9月起试行,本书简称《纲要》)的精神,本着"培养幼儿园操作应用型教师"的宗旨,在系统阐述幼儿数学教育理论的同时,为帮助学生和教师更好地领会和掌握幼儿数学教育的设计与实施等问题,在相关内容点上增加了相应的活动案例,具有较强的实用性与操作性。

本书吸收了现代认知心理学和发展心理学的研究成果,借鉴国内外学前儿童数学教育的科研成果和教学实践经验,形成了较系统的理论观点,具有较高的理论性。且本书较系统介绍了学科发展的历史,理论流派,并对学前儿童数学教育目标、内容、教学的原则、方法、评价与研究的技术作了完整的阐述,力求使教材具有较强的系统性、完整性。本书是学前儿童数学教育的最佳教材。

本书的作者是从事教育教学工作多年、具有较高理论水平和丰富教育教学经验的教师。在编写过程中,我们将科学与思想相结合、理论与实践有机统一,以培养高素质、高能力人才为目标,全身心投入到本书编写工作中。幼儿的身心始终是动态的,他们的发展也是有规律可循的。相信本书对于幼儿数学教育活动有一定的指导意义。

在编写本书的过程中编者参阅、引用了大量著作、案例,还有些内容来自网络,因篇幅所限,未能一一注明,在此向所有原著者深致谢意。本书在编写过程中,得到北京邮电大学出版社编辑的大力支持和帮助,在此谨表衷心的感谢!由于编写时间仓促,书中疏漏、不妥之处在所难免,恳请各位专家、学者和读者批评指正!

编　者

目　录

第一单元　概　述

【学习目标】

1. 了解数学教育活动与幼儿发展的关系；

2. 理解幼儿数学教育活动的特点；

3. 掌握幼儿数学教育活动的原则；

4. 运用幼儿数学教育活动的原则来指导幼儿数学教育活动。

模块一　数学教育活动与幼儿发展的关系

数学是一门概括性、抽象性、逻辑性都很强的学科。心理学研究指出：幼儿对数理逻辑知识的掌握不是来自于被操纵的对象本身，而是来自于幼儿的行动以及这些行动的协调。他们是通过活动，通过与材料的相互作用发现和建构数学关系的。《纲要》明确指出："幼儿园教育应尊重幼儿身心发展的规律和学习特点，充分关注幼儿的经验，引导幼儿在生活和活动中生动、活泼、主动地学习。"《纲要》要求："引导幼儿关注周围环境中的数、量、形、时间、空间关系，发现生活中的数学；在解决问题的过程中帮助幼儿理解基本的数学概念，发展思维能力；鼓励幼儿用多种方式来表现自己的探索过程和结果，表达发现的愉快并与他人交流、分享。"《纲要》还指导我们："学习数学的过程应该是幼儿主动探索的过程。"教师要让幼儿运用感官、亲自动手、动脑去发现问题、解决问题。

一、幼儿数学教育活动

数学是研究客观现实世界的数量关系和空间形式的科学，而所谓数学知识，究其实质，是一种具有高度抽象性的逻辑知识。

幼儿具有基本的心理逻辑结构，幼儿的逻辑观念及其发展为他们学习数学提供了一定的心理逻辑准备。而幼儿数学教育是发展幼儿思维能力重要有效的途径，幼儿的数学教育活动是在教师的指导下，通过幼儿自身的活动，对客观世界的数量关系及空间形式进行感知、观察、操作、发现并主动探索的过程，同时也是激发幼儿的好奇心、求知欲，培养幼儿对数学的兴趣和良好的学习习惯过程。数学不仅仅是一系列的概念、原理和运行方式，也不仅仅是一种能力，数学是"科学推动的一个组成部分，是一个处理过程或是一种思考方法"。"在现代文化中扮演着中心角色”，“从长远观点来看，它的贡献在于使人们更好地理解这个世界”。

但是，一直以来，在幼儿数学教育中，比较突出地存在着重知识传授，忽视了幼儿思维能力的发展的现象。其实，教育不只是为孩子入小学做知识准备，记住了多少数，做了多少道加减法并不重要，重要的是让孩子能有机会接触日常生活中各种各样的事物和有关数量的问题，并且能从不同的方向去认识它们，从而启迪孩子的思维，使孩子从幼儿期就开始积累创造的才能，这将对幼儿日后的学习和一生的成长起到长期的积极效应，因此，教师不应将注意力集中在幼儿对知识的获取上，而应该从方法上、途径上积极探索有效的发展幼儿思维能力的策略。因而建立一个数学学习的外部环境让幼儿去操作、去探索、去体验，从而积累有关的表象，就显得十分重要。教师应合理地综合运用生活环境、教学环境、游戏环境的创设来为幼儿数学教育服务，让幼儿在日常生活中真切地感受数学。

二、数学活动对幼儿发展的意义

幼儿处在逻辑思维萌发及初步发展的时期，也是数学概念初步形成的时期。这一时期的儿童还不能完全理解抽象的数学概念，但是并不是说他们就不可能学习数学。对于幼儿来说，学习数学同样具有理智训练和实践应用两方面的价值。除此之外，数学学习作为幼儿最早接触到的“学术性”的学习活动，能够给他们一些早期的学习习惯和学习品质的训练，使他们将来能更好地适应小学阶段的学习。

丰富多彩的数学活动，既能激发幼儿的学习兴趣，促进幼儿学习方式的改变，又能培养幼儿的创新意识和实践能力；既是体现数学教学生活化的重要形式，又是实现数学教学生活化的重要途径。

（一）有助于幼儿的思维发展，提高智力水平

数学本身所具有的抽象性、逻辑性以及在实践中广泛的应用性，决定了数学教育是促进幼儿思维发展的重要途径。有人曾说：“数学是思维的体操。”其意义就是指，数学能够锻炼人的思维。

数学是人类的一种独特的语言。这种语言完全不同于其他的表达方式。如文字的语言讲求意义的明了，艺术的语言讲求意境的深远，而数学的语言则讲求简练和逻辑。数学以简单的符号代替复杂的事物，以抽象的逻辑推理代替具体的关系。一个简单的数字“1”或算式“1+1=2”可以表示许许多多的具体含义，而“如果 A<B，B<C，则 A<C”的式子，则完全是在抽象层次上的推理，隐含了具体事物之间的比较。数学也是一种独特的思维方式。这种思维方式的特点就是将具体的问题归结为模式化的数学问题，并用数学的方法寻求解决。如下面的问题：

一位小朋友有5元钱，去超市里买商品。超市里商品的价格有1元、2元、3元、4元。如果要把钱用完，应该怎样买？可以哪些有不同的方法？

这虽然是一个日常生活中的问题，但是它又可归结为数的组成问题。如果我们用数学的方法去思考，就可避免尝试错误式的学习，而将其抽象为一个数学问题，并且运用数的组成的知识加以解决。

数学将具体的事物和问题加以模式化，使之成为抽象的问题。它帮助我们透过具体的、表面的现象，揭示事物根本的、共同的特征。正因为此，学习用数学的方法解决问题，可以帮助我们学习抽象思维的方法。数学是发展幼儿抽象逻辑思维的途径。

幼儿思维发展的特点是，具体形象思维逐渐取代直觉行动思维而成为主要的思维类型，同时抽象逻辑思维开始萌芽。也就是说，幼儿的思维虽然还不能完全摆脱具体的动作和形象的束缚，但已经开始了向抽象逻辑思维过渡的漫长时期。对于某些具体的问题或情境，幼儿已能够用逻辑的方法进行思考和推理，而且也能概括出具体事物的共同特征，进行初步的抽象。这说明幼儿已具有发展初步的抽象逻辑思维的可能性。

智力是指由感知、观察力、注意力、记忆力、想象力、思维能力和言语能力等组成的认识活动的综合能力。其中思维能力是智力的核心部分。思维能力的发展程度，是整个智力发展的缩影和标志。进行数学教育是发展幼儿思维能力的重要途径。这是由数学本身具有的抽象性、逻辑性和辩证性以及广泛的应用性等特点所决定的。

从心理特点和认知水平看，幼儿天真活泼，好动多思，想象力丰富，对新事物充满强烈的好奇心。但是，幼儿刚接触正式的学习生活，认知水平不高，学习的主观能动性低，注意力不能持久集中。因此，开展丰富多彩的数学活动，可以激发幼儿的参与兴趣，让幼儿在活动中产生深刻的感受和体验，从中领悟和掌握数学知识，并生成解决数学问题的能力，提高幼儿的智力水平。

（二）有助于培养幼儿学习数学的主动性、积极性，激发其学习的动力

幼儿的数学教育活动往往是通过游戏和操作的方式进行的。游戏是幼儿期的主导活动，是促进幼儿获得最佳发展的一种途径，幼儿在游戏中的学习是发现式的学习、自主性的学习、个性化的学习。游戏是将抽象的数学知识寓于幼儿感兴趣的游戏中，让幼儿在各种自由自在、无拘无束的游戏活动中学习数学的一种方法，它能促进幼儿思维积极的开展，提高幼儿独立解决问题的能力。游戏不仅能开发幼儿的智力，同时能极大地调动幼儿思维的积极性，培养幼儿思维的灵活性、敏捷性、独创性以及综合运用数学知识解决问题的能力。

（三）有助于幼儿形成数学的思维方式，体验数学在日常生活中的应用

所谓“数学地思维”，就是用抽象化的方法解决生活中的具体问题。在我们的生活中，数学无处不在。很多具体的问题，都是数学问题的具体表现，都可以归结为一个数学的问题。

例如，在生活中经常要遇到平分物品的事情：分一包糖果、分一块蛋糕等，从日常的眼光来看，这是一个如何实现“公平原则”的问题。而从数学的眼光来看，它就是一个数学问题了：把一定数目的糖果平均分为两份是一个数目等分的问题，把一定形状（如圆形）的蛋糕平均分为两份则是一个图形等分的问题。相应地，在解决这个问题时，也会出现不同的方法。比较“笨”的方法是：用“一人一块”的方法依次分发糖果，凭经验把蛋糕切成大小相仿的两块、然后再从看起来较大的一块中切一点出来补偿给小块直至大家都认为均等为止。而“数学地思维”，则意味着首先要将其归结为数学的问题，然后解决这个数学的问题并再将其运用于具体的问题情境中。如我们数出一共有 10 粒糖果，则先解决 10 怎样能分成相等的两个数，然后再把糖果按相应的数量进行分配。同样我们可先判断蛋糕是什么形状，是圆形还是正方形，然后解决相应形状的二等分问题，再根据这个数学问题的解答方法来解决分蛋糕的问题。也许有人会以为，“分东西”只是一件很小的事情，而这里所谓“数学”的解决办法对幼儿来说似乎也没有什么特别。然而，正是这些生活世界中的具体问题，为幼儿提供了学习数学的素材，反过来数学也帮助他们更好地认识世界。也就是说，数学教育为幼儿的生活世界和数学世界架起了一座桥梁。

幼儿参与数学活动，需要一定的抽象能力和逻辑上的准备；反过来，数学又可以促进其抽象逻辑思维的发展。在数学教育活动中，幼儿可以借助具体的事物和直观的操作活动，获取一些粗浅的数学经验。在学习数学的过程中，经过分析与综合、抽象与概括、判断与推理，上升到理性认识，幼儿的抽象逻辑思维也能得到发展。

由于幼儿逻辑思维的发展还处于较低层次，他们即使掌握了一些数学知识，但往往受到直接感知的限制，不能自觉地依靠逻辑思维进行合理的判断。例如，在感知物体数量时，容易受物体所占空间的大小或者摆放方式的影响。而幼儿数学教育活动，能够让“数学”存在在幼儿的周围生活中，将数学知识与实际生活联系起来，从而促进幼儿自觉地、有意识地运用数学的相关概念思考和解决实际生活中的问题。

（四）有助于培养幼儿良好的学习习惯和学习品质，以更好地适应小学阶段的学习

在幼儿园中，数学学习是一项比较特别的活动。具体表现在：

（1）数学学习是一项比较正式的操作活动。它经常采用“作业”的形式，带有较明确的任务性。

（2）数学的操作和作业活动往往有明确的规则、要求和评判标准。

（3）数学的“是非”标准比较明确、客观。而且幼儿对于数学操作结果的对错也比较敏感。

数学学习的这些特点，为培养幼儿学习的任务意识、规则意识，激发幼儿学习动机提供了得天独厚的条件。

幼儿在进行数学操作活动时,起初并没有明确的任务意识。有时,小班幼儿在操作的过程中,会忘记自己正在进行的操作任务。在教师的要求下,幼儿能逐渐形成初步的任务意识。任务意识对于幼儿学习习惯的养成,特别是适应小学阶段的学习是很有意义的。

此外,幼儿对规则的遵从也是在数学学习活动中逐步发展起来的。教师在数学活动中,往往会对幼儿提出一定的操作要求,规定幼儿按照一定的规则进行操作。规则在数学活动中具有特别重要的意义。只有遵从一定的规则,才能显现出数学特有的逻辑性。例如,"按特征分类"的活动,就要求幼儿给一组物体按照特定的标准(颜色或形状)进行分类,而不能随意乱分,否则幼儿就不可能理解其中所蕴含的逻辑。尽管有的小班幼儿开始并不能完全听从规则,常常"自行其是",但是随着他们认识能力的发展,会逐渐理解规则的意义,并按照规则操作。幼儿对操作规则的理解和遵守,具有双重的意义。它既是幼儿完成数学操作的保证,也是幼儿社会性发展的具体表现。任务意识、规则意识的发展,为幼儿适应小学的正规化的学习活动打下了重要的基础。

数学教育还能培养幼儿学习数学的主动性、积极性,激发其学习动机。幼儿园的数学活动为幼儿提供了主动参与活动的机会。即使在小班的数学活动中,幼儿也有机会主动地活动。比如,教师为了让幼儿认识圆形和方形,请他们到教室内外到处寻找,哪些东西是圆形的,哪些东西是方形的。幼儿也非常积极主动地去寻找。对于较大的幼儿,教师常常给他们同时提供多种活动内容,幼儿可以自己选择活动内容和材料,自己独立完成各种操作活动。这些都能够培养幼儿学习的主动性、积极性。

由于数学本身所具有的抽象性特点,它既不像自然物那样具备外在的形象,也不像科学现象那样发生奇幻的变化,更不像艺术作品那样富于动人的旋律或鲜艳的色彩,幼儿一般不会自发地对事物背后抽象的数学属性产生兴趣。但是,只要教师选择恰当的教育内容,采用得当的方法,并加以适当的引导,同样可以激发幼儿对数学的兴趣。幼儿对数学的兴趣往往开始于对材料的兴趣,对活动的过程和成果的兴趣。教师提供色彩鲜艳、形象可爱的操作材料,能够吸引幼儿操作的兴趣,进而将兴趣转移到操作的内容。在数学操作活动的过程中,让幼儿自主操作,和材料相互作用,能够满足幼儿操作的愿望,培养幼儿对数学操作活动的兴趣。有的活动还让幼儿通过操作完成一个小小的作品或作业,也能强化幼儿对数学活动的兴趣。当幼儿在具体操作活动中真正体验到数学内在的魅力,就会使这种对数学操作活动的外在的兴趣转变成对数学本身的内在的兴趣。这种兴趣不仅是对数学知识的兴趣,更是一种对理智活动和思维活动的兴趣。如果幼儿真正体会到数学的乐趣和学习的乐趣,幼儿园的数学学习必将成为他们学校生涯的良好开端。而如果幼儿真正获得一种全面的学习准备,而不仅仅是一种数学知识上的准备,他们将终生受益。

无论在东方还是西方的文化中,数学都是需要学习的一门重要学科。数学作为人类文化的一个重要组成部分,是幼儿将要面临的一个长期的学习任务。这并不是说,要使每个儿童将来都成为数学家，或者从事和数学有关的工作。事实上，这样的人所占比例很少，对于其他大多数人来说，数学的作用在于使之形成一种思维习惯，并帮助他们解决日常生活中的具体问题。这一观点是和从 20 世纪 80 年代开始兴起的"大众数学"的教育观念是相一致的。作为一种数学启蒙，幼儿园阶段的数学教育其价值更体现在培养幼儿基本的数学素养，包括对数学活动的兴趣，主动学习数学和运用数学的态度等。

三、幼儿学习数学的心理准备

（一）幼儿逻辑观念的发展

1. 一一对应观念

幼儿的一一对应观念形成于小班中期（3 岁半以后），在小班末期，有的幼儿已经建立了牢固的一一对应观念。这些幼儿已经非常相信通过对应的方法确定等量的可靠性。

2. 序列观念

序列观念是幼儿理解数序所必须的逻辑观念，幼儿对数序的真正认识，不是靠记忆，而是靠他对数列种数与数之间的对应关系（等差关系和顺序关系）的协调：每一个数都比前一个数多一，比后一个数少一，这种序列不能通过简单的比较得到，而是有赖于在无数次的比较之间建立一种传递性的关系。

3. 类包含观念

幼儿能点数物体，但说不出总数。这说明幼儿还处在罗列个体的阶段，还没有形成整体和部分之间的包含关系。幼儿要真正理解数的实际意义，就应该知道整体包含其中所有个体。只有理解了数的包含关系，幼儿才可能学习数的组成和加减运算。

（二）幼儿思维的抽象性及其发展

1.5～2 岁，是幼儿表象发生的时期，这使得抽象的思考开始成为可能。幼儿能够借助于头脑中的表象，对已经不在此时此地的事物进行间接的思考，这是幼儿抽象思维发展的开始。

幼儿虽然能够理解事物之间的关系，但是幼儿的逻辑思维是以其动作的依赖为特点的。抽象水平的逻辑要建立在对动作内化的基础上，而幼儿正处在这个发展的过程中。具体表现为幼儿常常不能进行抽象的逻辑思考，而是借助于自身的动作或事物的具体形象。

幼儿思维抽象性的发展，实际上伴随着两个方面的内化过程：一是外部的形象内化成为头脑中的表象，二是外部的动作内化成为头脑中的思考。其中，后者是最根本的。

四、幼儿学习数学的心理特点

（一）幼儿学习数学开始于动作

皮亚杰提出“抽象的思维起源于动作”，这是幼儿数学教育中广为接受的观点。幼儿在学习数学时，最初就是通过动作进行的。幼儿表现出的外部动作，实际上是其协调事物之间关系的过程。这对于他们理解数学中的关系是不可或缺的。

（二）幼儿数学知识的内化需要借助于表象的作用

幼儿要在头脑中重建事物之间的逻辑关系，表象的作用就在于帮助幼儿完成这一内化的过程。

幼儿数学教学实践中的误区——通过让幼儿观看实物或图片，教师讲解数学概念的方法进行教学，试图让幼儿在头脑中“印下”数和加减的表象，这种方法不符合幼儿学习数学的心理。

（三）幼儿对数学知识的理解要建立在多样化的经验和体验的基础上

幼儿在概念形成的过程中所依赖的具体经验越丰富，他们对数学概念的理解就越具有概括性。丰富多样的经验能帮助幼儿更好的理解数学概念的抽象意义。相反，如果幼儿缺乏多样化的经验，他们对数学概念的理解就会出现问题。

（四）幼儿抽象数学知识的获得需要符号和语言的关键作用

幼儿所接触的符号不仅仅限于运算符号，“标记”也是一个具有抽象意义的符号。小班的幼儿已经开始接触和使用“标记”理解标记的抽象意义，这对于培养他们思维的抽象性，帮助他们理解抽象的数学知识，是一个很好的方法。语言的指导对幼儿学习数学也有重要的意义和作用。

（五）幼儿数学知识的巩固有赖于练习和应用活动

幼儿不断与环境相互作用的过程，是他们不断尝试新策略、练习和检验新获得的策略的过程，也是他们在应用中巩固新策略的过程。这完全是通过幼儿的自我调节作用发生的，而不是教的结果。

模块二　幼儿数学教育活动的特点

一、幼儿数学教学活动是有目的、有计划、有组织的活动

幼儿园数学教学活动是幼儿园进行数学教育活动的重要形式之一，其特点是在活动之前要经过缜密的筹划。在进行教学活动之前，教师首先要依据教育的目标、幼儿已有的发展水平以及幼儿的兴趣、需要，制定本次活动的具体目标，选择相应的教学内容、教学方法和活动的组织形式。也就是说，在进行教学活动之前，教师首先要制定好完整的教学计划。但在实施过程中，教师完全可以根据教学过程中出现的新情况、新问题，调整或更改计划中的某一环节，但就整个计划来讲，是教师事先制定好的。

二、幼儿数学教学活动具有游戏性的特点

幼儿的兴趣和需要是他们学习的内在动力。幼儿在学习过程中能做的只是与他们兴趣相投的事情。虽然数学教学活动的计划是教师依据教育目标事先制定的，但在计划制定过程中，往往会对幼儿的兴趣、需要关注不够。解决这一问题最好的办法，就是教师将制定的教育目标转化为幼儿自己需要的教育内容，以激发幼儿学习的兴趣和求知欲，使他们积极主动地参与到活动中。

教师平时应注意观察幼儿的兴趣、需要，在日常生活中捕捉到有价值的信息，发现幼儿的需要以及他们遇到的问题；把幼儿熟悉的、喜闻乐见的一些游戏活动，依据数学教育的目标、要求，改变其规则；通过音乐游戏、体育游戏、游戏化的情节等，调动幼儿的情感力量，激发和强化幼儿的兴趣，使幼儿在轻松愉快的气氛中学习、探索，获得最佳的教育效果。

三、幼儿数学教学活动具有操作性的特点

幼儿的数学学习是在操作活动中进行的，幼儿只有亲自通过操作、摆弄材料进行探索和体验才能将其掌握。操作活动解决了数学知识的抽象性和幼儿思维的具体形象性之间的矛盾。应该说，无论是集体活动形式，还是小组活动形式，幼儿的操作活动是数学教育活动的基本部分。幼儿动手操作活动材料，与材料发生相互作用，是幼儿学习数学的主要方式。因此，教师应尽量提供材料，并注意以下问题：

(1)尽量提供多层次、多功能、多变化的材料，供幼儿经常、自由地选择和运用，以满足不同幼儿的需要。

(2)所提供的材料能吸引幼儿的注意，激发幼儿的兴趣，便于幼儿操作。

(3)提供数量、形状、时间、空间方位等多项内容的材料，材料要体现数概念的属性特征。

同时，教师要注意观察幼儿的操作活动，并进行个别指导；给幼儿充分的操作时间，让他们在摆弄、拆拼材料的过程中，充分感知、体验、探索。

四、幼儿园的数学教学活动是在教师指导下的活动

幼儿在与物的接触和人的交往中，获得了一些关于数学的感性经验，同时也学会在日常生活中运用这些经验，解决生活中出现的问题。但这些经验往往是零散的、片段的，有时甚至是表面的数学经验，并不能使幼儿感受到有关数的概念的本质属性。要使幼儿建构一些初步的数概念，并促进幼儿思维能力的发展，教师必须要给予指导，启发幼儿感受生活中的数学现象，帮助幼儿归纳、整理零散和无系统的感性经验，将物体的数量、形状特征、事物之间的数量关系鲜明地凸现出来，使幼儿注意到物体的这些特征，感受到蕴含于物体中的数量关系，从而有助于幼儿形成初步的数概念。而幼儿园的数学教学活动正是一种有目的、有计划的活动，无论是采用集体活动的形式还是小组活动的形式，都有利于教师对幼儿的学习活动进行直接指导，帮助他们获得一些粗浅的、必要的数学知识；而且集体活动、小组活动的形式还有利于幼儿之间的互相学习和影响，他们可以进行交流、对话，可以从同伴中获取相关的经验。

另外，幼儿园的数学教学活动也比较适应当前我国相当一部分幼儿园存在的班级人数较多，各方面条件还不理想的现状。

在生活中渗透数学教育对教师们提出了更高的要求。《纲要》中明确指出："引导幼儿对周围环境中的数、量、形、时间和空间等现象产生兴趣，建构初步的数概念，并学习用简单的数学方法解决生活和游戏中某些简单问题。"也就是说，将数学教育融于幼儿生活之中，便于幼儿充分感受生活中的数学及乐趣，在不断与材料、同伴、教师相互作用中，解决生活和游戏中的简单问题，逐步建构数学经验，获得主动发展。因此，我们就要从观察、了解幼儿入手，满足幼儿的兴趣和需求，激发幼儿内在的学习动机；在生活和游戏中为幼儿创设问题情景，使幼儿感受到数学的乐趣和用途；不断引导幼儿在解决实际问题的过程中，运用数学方法和经验，提高数学能力，从而真正实现在生活中渗透数学教育。

模块三 幼儿数学教育活动的原则

幼儿数学教育的原则是指在对幼儿开展数学教育时应遵循的一些基本准则。毫无疑问，对幼儿进行数学教育，首先要考虑的就是幼儿学习数学的心理特点。本模块介绍的教育原则，就是在幼儿学习数学的心理特点基础上，结合数学知识本身所具有的特点所提出的。

数学是研究现实世界数量关系和空间形式的科学，在现实世界中，各种事物尽管颜色、质量、用途各不相同，但它们都含有一定的数量关系，都有一定的形状，它们在所表现的数和形上的共性即使数学研究对象。在《纲要》的科学教育领域的第四个目标中主要提出："能从

生活和游戏中感受事物的数量关系并体验到数学的重要和有趣”。以下便从五个原则中分析数学教育。

一、全面理解和认识数学的原则

这里主要分为两个方面，首先，我们要知道数学不仅仅是一系列的概念、原理，数学是一种能力；其次，数学是一种思考方式，帮助人们认识和理解世界，能应用数学的观点和方法解决身边的问题。例如，我们在为幼儿设计数学教育课程时，不仅仅只是教会他们会快速算出十以内的加减法，而且还要让他们学会算数的能力，喜欢数学，知道学会数学能做些什么，能在生活中进行简单的买卖算数。

二、数学学习方式要发生转变的原则

一种是从机械记忆为主的学习到主动建构为主的学习；另一种是从符号为主的学习到实际意义为主的学习。即不再是机械、被动地进行公式化教学，而是让幼儿主动参与到学习中去，与实际生活相联系。例如，幼儿园中饲养小动物，可以引导幼儿去测量小动物的生长。又如在商店游戏中让幼儿学习买东西，计算商品的价格等等。

三、在生活中学习的原则

现实生活是幼儿数学概念的源泉，《纲要》指出：幼儿一日活动中的各项活动都对幼儿发展有重要价值，应有机地整合各项活动，努力提高各活动的整体成效。幼儿每天接触的各种事物都会和数、量、形有关。例如，他们说自己几岁了，这就涉及数；和别的幼儿比身高，实际上就是量的比较；在搭积木时，会看到不同的形状。幼儿要知道家里有几个人，就需进行计数，在拿取东西时，幼儿总希望拿“多的”、拿“大的”，这就需要判别多和少、大和小等数量关系。总之，这都可以变成幼儿学习数学的机会。

另一方面，从数学知识本身的特点看，很多抽象的数学概念，如果不借助于具体的事物，儿童就很难理解。现实生活为儿童提供了通向抽象数学知识的桥梁。例如，有些儿童不能理解加减运算的抽象意义，而实际上他们可能在生活中经常会用加减运算解决问题，只不过没有把这种“生活中的数学”和“学校里的数学”联系起来。如果教师不是“从概念到概念”地教儿童，而是联系儿童的实际生活，借助儿童已有的生活经验，就完全能够使这些抽象的数学概念建立在儿童熟悉的生活经验基础上。如让儿童做商店买卖的游戏，甚至请家长带儿童到商店去购物，给儿童自己计算钱物的机会，可以使儿童认识到抽象的加减运算在现实生活中的运用，同时也帮助儿童理解这些抽象的数学概念。

数学教育要密切联系生活的原则，具体地应表现在：

(1)数学教育内容应和幼儿的生活相联系，要从幼儿的生活中选择教育内容。我们给幼儿的学习内容，不应是抽象的数学知识，而应紧密联系他们的生活实际。例如，在教数的组成的知识时，可以引入幼儿日常生活中分东西的事情，让幼儿分各种东西，这样他们就会感到比较熟悉，也比较容易接受数的组成的概念。

(2)在生活中引导幼儿学数学。数学教育除了要通过有计划、有组织的集体教学外，更要结合幼儿的日常生活，在幼儿的生活中进行教育。例如，在分点心时，就可引导幼儿注意，有多少点心，有多少小朋友，可以怎样分等。

(3)数学教育联系幼儿的生活，还要引导幼儿用数学，让幼儿感受到数学作为一种工具在实际生活中的应用和作用。这些实际生活正是一种隐含的数学学习活动。幼儿常常在不自觉之中，就积累了丰富的数学经验。而这些经验又为他们学习数学知识提供了广泛的基础。

四、科学和数学融为一体的原则

首先，科学探究是数学的基础，只有在较好地完成了科学探究在这方面的工作，幼儿才能更好的投身到数学教育的活动中去，满足其好奇心和探究欲望。其次，幼儿以对物体的探究所获得的感性认识为基础构建初步的数概念。皮亚杰认为：数学开始于对物体的动作，真正理解数意味着幼儿通过自己的活动发现或能动地建立关系。因此构建初步的数概念是以幼儿对物体的探究所获得的感性认识为基础的。作为数学活动的组织者、引导者和合作者，教师在教学中应积极创设情境，让幼儿通过动手操作、自主探索、实践应用等主体活动去亲近数学、体验数学、“再创造”数学和应用数学，真正成为数学活动的主人。

五、尊重个别差异的原则

《纲要》总则第五条明确指出：“幼儿园教育应尊重幼儿的人格和权利，尊重幼儿身心发展的规律和学习特点，以游戏为基本活动，保教并重，关注个别差异促进每个幼儿富有个性的发展。”

提出“重视个别差异的原则”的依据是幼儿发展的个别差异性。应该承认，每个幼儿都具有其与生俱来的独特性。这既表现在每个人有其独特的发展步骤、节奏和特点，还表现在每个人的脾气性情和态度倾向性各不相同。

在数学教育中，幼儿的个别差异表现得尤其明显。这不仅因为数学学习是一种“高强度”的智力活动，能够充分反映出幼儿思维发展水平的差异，可能也和数学本身的特点有关系——数学是一个有严格限定的领域，有一套特定的符号系统和游戏规则，它不像文学等领域那样需要复杂的生活经历，因而这方面的天赋也易于表现出来。

幼儿学习数学时的个别差异，不仅表现为思维发展水平上的差异，发展速度上的差异，还有学习风格上的差异。即使同样是学习有困难的幼儿，他们的困难也不尽相同。有的幼儿是缺乏概括抽象的能力，有的是缺乏学习经验。

作为教育者，教师应该尊重幼儿的个别差异，在进行教育活动的时候，设计不同层次、不同难度的活动，让幼儿可以自由选择适合自己能力的活动。

对于学习有困难的幼儿，教师也应分析他们的具体情况，针对不同的困难，给予不同的指导。如对于缺乏概括抽象能力的幼儿，教师可引导其总结概括，并适当加以点拨和启发。而对于经验不足、缺乏概括材料的幼儿，则可单独提供一些操作练习的机会，补充其学习经验。

【单元小结】

本单元阐述了幼儿数学教育活动与幼儿发展的关系，简单介绍了数学教育活动的特点及幼儿学习数学知识的特点，还重点阐述了幼儿数学活动应遵循的基本原则。

1. 数学是一门概括性、抽象性、逻辑性都很强的学科。

2. 幼儿数学教育是发展幼儿思维能力重要有效的途径，幼儿的数学教育活动是在教师的指导下，通过幼儿自身的活动，对客观世界的数量关系及空间形式进行感知、观察、操作、发现并主动探索的过程，同时也是激发幼儿的好奇心、求知欲，培养幼儿对数学的兴趣和良好的学习习惯的过程。

3. 幼儿数学教育活动，对幼儿的发展具有非常重要的意义。有助于幼儿的思维发展，提高幼儿的智力水平；有助于培养幼儿学习数学的主动性、积极性，激发其学习的动力；有助于幼儿形成数学的思维方式，体验数学在日常生活中的应用。

4. 幼儿数学教育活动的特点：

(1)是有目的、有计划、有组织的活动；

(2)具有游戏性的特点；

(3)具有操作性的特点。

5. 组织开展幼儿数学教育活动，必须遵循的原则

(1)全面理解和认识数学的原则；

(2)数学学习方式要发生转变的原则；

(3)在生活中学习的原则；

(4)科学和数学融为一体的原则；

(5)尊重个别差异的原则。

【思考题】

1. 数学教育活动与幼儿发展有什么样的关系？

2. 幼儿数学教育活动有哪些特点？

3. 开展幼儿数学教育活动时，应该遵循哪些原则？请根据自己的理解，联系实际，说明如何运用幼儿数学教育活动的原则来指导幼儿数学教育活动？

第二单元　幼儿园数学教育活动的目标和内容

【学习目标】

1.理解数学教育活动目标的内涵及其层次结构；

2.掌握幼儿数学教育活动的内容。

模块一　幼儿园数学教育活动的目标

幼儿园数学教育活动目标是对幼儿数学学习的要求，也是幼儿园实施数学教育的依据。目标的确立可以明示教育活动的方向，引导教育活动的设计，确立教育活动的评价依据等，因此，在数学教育中，目标的确立十分重要。

一、幼儿数学教育目标制定的依据

（一）儿童发展

儿童是教育的对象，儿童身心发展水平、需要、发展的可能性和发展的规律性，是教育目标制定的依据之一。教育者对儿童的身心发展特点，对儿童的生长发展的规律有深入的了解和思考，才可能制定出符合儿童发展特点，能够促进其发展的教育目标。由于教育者对儿童发展水平、需要和发展规律认识不同，他们对儿童提出的教育目标也就很不相同。例如蒙台梭利认为3～6岁儿童天生就具备学习文化的能力，应当利用这种能力，为他们准备适当的教材和教具。从这一认识出发，蒙台梭利主张“儿童6岁前就可开始读、写、算的练习，因为这是儿童学习的敏感期，过了这个时期再学习就困难了”。也有人认为“随着孩子年龄的增长，才会慢慢有足够的能力从正式的学术化教学中受益”，他们认为“幼儿经验的内涵比较像一个个的事件或主题，而不是个别的学科。”

制定幼儿数学教育目标，在如何看待儿童发展的问题上，应坚持以下观点：

（1）儿童的发展是一整体发展的过程。儿童的发展包括着身体的、社会的、情感的、认知的、品德的等方面，每一个方面的发展都不是一个独立的过程，而是彼此相互影响、相互促进的整合性发展过程。在进行某一方面的教育时，必须考虑儿童的整体发展，所提出的教育目标应是全面的、综合性的，即应包括有认知经验、情感态度、个方面质等方面的教育要求。

(2)儿童的发展具有明显的年龄特点和个别差异。儿童的认知不仅与成人有着质的差别,而且不同年龄阶段的儿童认知结构也不完全一样,每一年龄阶段都有其独特的认知结构,表现出与前后各阶段不同的认知能力。而同一年龄阶段的儿童,由于遗传、社会生活条件、早期学习经验等方面的不同,各个儿童在发展水平、发展速度、认知结构和学习风格等方面也都存在着很大的差异。因此教育者要针对不同年龄阶段的幼儿提出不同的数学教育目标。同时,教育者还应针对各个幼儿的实际发展水平和需要提出适宜的数学教育目标,以促进其在原有水平获得更好的发展。

幼儿的身心发展水平和特点,决定了这一年龄阶段的数学教育目标与其他年龄阶段的数学教育目标有着一定的差别。从根本上看,数学教育目标能否实现、数学教育内容的确定是否恰当,取决于遵循和利用人的身心发展规律的程度。

(二)社会要求

人总是生活在一定的社会中,每一个社会都有其对社会成员的要求,这一要求必然反映在对年轻一代的培养中,即塑造社会所要求的人。这就是说,教育目标和教育内容总要反映社会的要求和愿望。

"教育要面向世界,面向现代化,面向未来",这指明教育目标不但要适应人类社会现今的发展水平,适应我国社会主义现代化建设的发展水平和要求,而且还应随着社会的发展作相应的变化,应预见社会发展提出的新要求。幼儿数学教育目标同样也总是直接或间接地反映着社会的需要和时代的印迹。例如,1952 年 3 月我国教育部颁发了《幼儿园暂行教学纲要》(试行),提出"计算教育是幼儿园教育活动项目之一",其内容有认识数目、心算、度量等。20 世纪 80 年代教育部颁发了《幼儿园教育纲要》,对计算数学提出以下任务:教幼儿掌握 10 以内数的概念和加减运算,学习一些几何形体、时间和空间的粗浅知识;发展幼儿的智力;培养幼儿对计算的兴趣。在这两份纲要中,数学教育已被列为幼儿园课程内容之一,这说明幼教工作者对数学教育在幼儿发展中的作用已有一定的认识。可由于受当时的教育理论观念的影响,在这两份纲要中,数学教育还较多的偏重于幼儿对数学知识的学习,偏重于幼儿的智力开发。现在,21 世纪已经到来,社会的发展不仅对人才数量的需求越来越大,而且对人才的质量要求也越来越高,教育对人的身心素质的培养也更为重视。作为基础教育的幼儿教育,必须重视儿童的整体发展,重视完整儿童的培养。2001 年 7 月教育部颁发了《幼儿园教育指导纲要》(试行),《纲要》鲜明地体现着国家的意志,体现着国家对年幼一代的期望和培养要求。《纲要》明确规定了科学领域(包含数学教育)的目标、内容和要求以及指导要点,指出各个领域的内容要互相渗透,从不同角度促进幼儿情感、态度、能力、知识、技能等方面的发展。从以上对我国颁布的《纲要》的简要介绍和回顾中,我们可以清楚地看出,社会的发展和需要影响着教育目标的制定和内容的确定。同时我们也明确了在幼儿数学教育中应建立情感、社会性、智力等全面协调发展的教育目标体系的要求。

(三)学科特点

数学学科的结构、学科的教育价值和学科学习规律对数学教育目标的制定有重要的影响。现在,数学已经渗透到科学技术、经济生活和现实世界中与人类生活生存息息相关的各个领域,数学是现代科学技术的基础和工具。数学作为人类文化的自然组成部分,对人类生活有着重要的影响,良好的数学修养将为人的一生可持续发展奠定坚实的基础。数学教育的价值就在于促进儿童的发展,使儿童更好地适应生活,理解周围世界,学会表达和交流,发展儿童的主动性、责任感和自信心,培养儿童的科学态度和探索创新精神。

数学学科的结构和知识体系较为系统、严谨,其逻辑性十分突出,这对儿童智慧的发展有着特殊的价值。幼儿正处在逻辑思维萌发和初步发展时期,数学的学习对其初步逻辑思维能力的发展,良好思维品质的形成有着重要的作用。总之,数学学科的结构和学科的教育价值,对于幼儿数学教育目标的制定和内容的选择是有着重要影响的。

儿童的发展、社会的要求和学科的特点是数学教育目标的制定和教育内容选择必须遵循的依据,但同时,教师还必须正确处理可能性目标和适宜性目标的关系问题,即应该考虑所提出的教育目标、所选择的教育内容对儿童的发展是否适宜。有些目标和内容的提出,儿童虽然可以学习和接受,但其对儿童的发展并无积极的意义,因此,这样的目标和内容对儿童的发展是不适宜的,在教育实践中就不应提出和选择这样的目标和内容。

二、幼儿园数学教育目标的结构

幼儿园数学教育目标是一个有机的整体,它是以有序的结构组织起来的系统。从纵向的角度来看,它一般可以分为总目标、年龄阶段目标、数学教育活动目标三个层次;从横向的角度来看,它一般可以分为认知目标、情感与态度目标、操作技能目标三个类型。在制定不同层次和类型的目标时,幼儿已有的基础、幼儿数学学习的特点与规律以及数学学科本身的逻辑体系与特点都是目标制定者需要把握的因素。

(一)总目标(一级目标)

1. 认知目标

引导幼儿学习一些粗浅的数学知识和技能,帮助幼儿获得有关物体形状、数量以及空间、时间等方面的感性经验,使幼儿逐步形成一些初步的数学概念,并在此基础上发展幼儿的数学思维活动与解决问题的能力。

2. 情感与态度目标

培养幼儿对数学活动的兴趣以及参与活动的主动性和独立性;逐渐培养幼儿爱思考的习惯。

3. 操作技能目标

让幼儿学会正确操作和使用材料,在与材料的相互作用中获得有关数学概念的感性经验，培养幼儿做事认真、仔细、有条理、不怕困难等良好习惯。

（二）各年龄阶段目标（二级目标）

二级目标是根据一级目标提出的，它是从认知能力、情感与态度、操作技能三个范畴，根据小、中、大班幼儿不同的发展水平确立的，操作性较强，如表 2－1 所示。

表 2－1

	小班	中班	大班
认知目标	1.学习按物体的一个特征分类。 2.学习按物体量（大小、长短）的差异进行 5 以内的排序。 3.认识“1”和“许多”，并能正确区分。 4.学习用一一对应方法比较两物体的数量，感知“多”“少”和“一样多”。 5.学习手口一致的点数 5 以内的实物，并能说出总数。 6.按数（5 以内）取物。 7.认识圆形、正方形、三角形，并能说出其名称。 8.以自身为中心区分上下。 9.认识早晨、晚上、白天、黑夜，并学会基本的运用	1.认识 10 以内数字，理解数字的含义，会用数字表示物体的数量，学习顺数和倒数。 2.学习不受物体空间排列形式和物体大小等外部特征的干扰，正确判断 10 以内数量，即学习数量守恒。 3.认识 10 以内自然数列中相邻两数的等差关系。 4.认识长方形、梯形和椭圆形。 5.学习按粗细、高矮的差异进行 6 以内的物体的正逆排序。 6.正确点数 10 以内物体。 7.按物体某一特征分类。 8.按物体的数量分类。 9.学会比较粗细、厚薄、轻重等量的差异。 10.学习不受图形大小、颜色和摆放位置的影响，正确辨认和命名图形，即学习图形守恒。 11.初步理解平面图形的简单关系。 12.学习以自身为中心区分前后。 13.学习以客体为中心区分前后。 14.学习向上、下、前、后等指定方向运动。 15.认识并学会运用“今天、明天、昨天”等时间概念	1.学习 10 以内序数、单数、双数、相邻数等概念。 2.学习 10 以内数的组成与分解，理解其包含、互换、互补关系。 3.学习 10 以内加减计算，并体验加减互逆关系。 4.理解“＋”“－”“＜”“＞”“→”等符号的意义。 5.认识正方体、长方体、球体、圆柱体，学习区分平面图形和立体图形。 6.学习按两个以上特征将物体分类。 7.按物体量的差异和数量的不同进行 10 以内正逆排序，初步了解序列排的传递性、双重性和可逆性。 8.学习等分实物或图形。 9.学习自然测量。 10.学习以自身为中心和以客体为中心区分左右，会向右、向左方向运动。 11.学习认识时钟，学会看整点、半点，学习看日历，知道一星期中每天的名称和顺序。 12.学习在教师的帮助下归纳数学经验

续表

	小　班	中　班	大　班
情感与态度	1.在数学活动中大胆回答问题。 2.产生对数学幼儿的兴趣以及操作数学活动材料的兴趣	1.在数学活动中能安静地倾听教师和同伴的讲话。 2.在日常生活中喜欢选择数学活动。 3.主动、专注地进行数学操作活动	1.积极主动地参与数学问题的讨论。 2.在数学活动中能安静地倾听教师和同伴的讲话。 3.在日常生活中喜欢选择数学活动。 4.学习与同伴友好地进行数学游戏,采取轮流、适当等待、协调等方法协调与同伴的关系
操作技能目标	1.听懂教师的要求,学习按游戏规则活动。 2.学习用语言讲述同伴活动的过程和结果。 3.在教师的帮助下学习按要求拿取、摆放和操作活动材料	1.学习听清楚教师的要求,按要求进行活动并检查自己的活动结果。 2.学习讲述自己的操作活动过程和结果。 3.基本学会数学操作活动技能	1.倾听清楚操作活动的规则,按规则进行活动并检查活动的过程和结果。 2.能清楚的讲述操作活动的过程和结果。 3.学习有条理地摆放、整理活动材料

(三)数学教育活动目标(三级目标)

在数学教育实践中,各年龄阶段目标必须层层分解为具体的、可操作的目标,即分解成可以在一次数学活动中实现的目标或需要通过若干数学活动实现的目标。这一级目标应与一、二级目标相一致,使之相互衔接,以促进幼儿的整体发展。

三、幼儿园数学教育活动目标的制定与表述

教育活动的目标是开展教育活动的出发点和归宿,它规定着预期的某种活动效果。教育活动的目标是教育内容选择、方法运用及效果评价的依据。目前,幼儿园数学教育实践中仍存在着只有内容没有目标的盲目的数学教育方式以及“程式化”、空泛无物的目标设定倾向,因此,教师在制定与表述数学教育活动目标时要注意以下几点。

(一)目标的发展性

在制定数学教育活动目标时,教师首先应当着眼于幼儿的发展,既包括数认知方面的发展,也包括情感、学习态度、个性和社会性方面的发展。只有充分把握幼儿的年龄特点和已有的发展水平,才能在活动设计中体现循序渐进的原则。注重目标的发展性意味着教师必须清楚地了解本班幼儿的发展基础,以此确定所设计的活动目标对幼儿是否具有发展价值。

(二)目标的全面性

目标的全面性是指教师在制定目标时,应思考在本活动内容和情境条件下“幼儿学会了

什么”(知识目标)、“幼儿能学吗”(能力目标)、“幼儿学得有兴趣吗”(情感目标)。一般说来,目标应包括学习内容的要求及幼儿行为的养成要求。在制定数学教育活动的目标时,教师应避免两种倾向:一是偏重知识的学习,忽视其他方面的发展;二是错误理解“全面性”,表现为脱离活动内容和具体情境的形式上的面面俱到,即凡是数学活动就必定有认知、情感与态度、操作技能三个方面的目标,从而使某些目标成为装饰或点缀,对幼儿发展以及教育教学并无价值。

(三)目标的针对性

由于教育活动的目标可以作为检验活动效果的依据之一,因此目标应当是具体的、可观察的、可操作的、可评价的。也就是说,目标的制定必须有针对性,而不是空泛、笼统的。如某中班数学活动“家里的数字”的目标设定为:

(1)感受数字与人类生活的关系;

(2)培养幼儿对家的美好情感。

显然,这样的目标是空洞而无针对性的,无法作为评价活动效果的依据。

这一活动的目标可以调整为:

(1)寻找和搜集家里带有数字的照片或图片,通过交流与分享活动感受数字与人们生活的密切关系,理解数字在生活中的应用;

(2)愿意与同伴交流,尝试大胆表述;

(3)在集体参与的观察和交流活动中进一步萌发对家的美好情感。

这样的三条目标就比较有针对性。

(四)目标的统一性

美国课程专家布鲁姆认为,“教师所期望的学生的变化便是教学目标或教学目的”“阐述教学目标,就是要以一种较特定的方式描述在单元或学程完成之后,学生应能做(或产生)些什么,或者学生应该具备哪些特征”。也就是说,教师既可以以幼儿为主体表述教育活动目标(行为目标),如幼儿“说出”“会用”等,也可以以教师对幼儿的教育影响和具体教学行为为主体表述教育活动目标,如“使幼儿……”“启发幼儿……”“引导幼儿……”等。但需要注意的是,在同一个教育活动目标中,主体必须统一。一般来说,为了把关注点更多地放在幼儿的学习和发展上,我们提倡以幼儿为主体进行表述。这种表述方式可使教师从幼儿行为的变化中观察他们的发展状况。

例如,某大班教育活动“我和影子捉迷藏”的目标为:

(1)通过活动使幼儿知道比较与测量影子的一般方法;

(2)在观察和比较中初步学会思考和探究问题,尝试大胆地提出问题。

以上目标在表述上缺乏统一性,而且目标定位比较空泛,不够具体,过分突出认知目标。

这一活动目标可以调整为：

(1)尝试用同一种材料首尾相接的测量方法比较影子的长短，解决在比较与测量影子过程中产生的问题；

(2)在画影子与比较、测量影子的活动中对探究活动产生兴趣，学会提出问题。

调整后的目标都从幼儿的角度出发进行表述，较为统一。

（五）目标的适宜性

目标的适宜性是指教师在制定活动目标时必须从两个方面考虑目标是否适宜。首先，判断该活动目标是否与幼儿的发展基础相适应，是否在幼儿的“最近发展区”；其次，判断该活动目标是否与上一层级的目标保持一致，是否已将上一层级目标具体化，从而使总目标、各年龄阶段目标和教育活动目标能在互相联系的基础上充分发挥导向作用。

模块二　幼儿园数学教育活动的内容和要求

对幼儿进行数学教育的内容就是幼儿数学教育活动的内容。对幼儿来说，数学是他们学习正确认识世界、概括事物数量关系和空间关系、解决来自生活和游戏中问题的有效工具。《纲要》在科学领域中规定：“引导幼儿对周围环境中的数、量、形、时间和空间等现象产生兴趣，建构初步的数概念，并学习用简单的数学方法解决生活中和游戏中某些简单的问题。”由此可见，幼儿的数学学习内容不仅有数的学习，现实生活中普遍存在的量、形、时间、空间及统计知识等都可以成为幼儿学习数学的内容。

一、幼儿园数学教育活动的主要内容

数学教育能够让幼儿以数学的方式进行思维，能够发现生活中的数学，认识到数学和生活的联系。幼儿数学教育活动能够给幼儿一些早期的学习习惯和学习品质的训练，使他们将来能够更好得适应小学阶段的学习。幼儿园数学教育活动的内容如表 2－2 所示。

表 2－2

内　容	具体分解
数概念与运算	1. 10 以内的数（基数、序数、数的实际意义、数量的比较与守恒、相邻数、单双数、零等）。 2. 数数（唱数、手口一致点数、目测数、按群数等）。 3. 书面数符号（数字的认读、书写与表征）。 4. 数的组合与分解。 5. 10 以内数的加减运算

续表

内　容	具体分解
集合与模式	1.集合(集合中元素多少的比较,集合的交、并、补、差关系和包含关系,是形成数概念,进行数运算的基础。教学主要包括区别1和许多、一一对应等)。 2.模式(排序是模式的一种,也是模式的根本。模式不仅限于视觉的呈现,还包括声音、动作等呈现方式)
分类与统计	1.分类(一维特征、一维以上的特征、层级分类等)。 2.统计(在分类基础上初步学会用简单的统计对资料做出分析,能看懂和学习用实物图示、图表和数符号等记录方式表征统计结果)
几何形体	1.平面图形:圆形、正方形、三角形、长方形、半圆形、椭圆形、梯形。 2.立体图形:球体、圆柱体、正方体、长方体。 3.形体之间的关系与等分
量的概念及自然测量	1.比较大小、长短、粗细、高矮、厚薄、宽窄、轻重、容积等量的差异。 2.感知量的守恒、量的相对性和传递性。 3.自然测量(能利用自然物作为量具来测定物体的长短、高矮、宽窄等)
空间和时间	1.空间方位:上、下、前、后、左、右、里、外、远、近等。 2.空间运动方向:向前、向后、向左、向右、向上、向下等。 3.区分:早晨、晚上、白天、黑夜、昨天、今天、明天、星期、年月的名称及顺序。 4.认识时钟:长针、短针及其功用,认识整点和半点

二、幼儿园数学教育活动内容的要求

(一)数概念

小班:

会手口一致地点数5以内的实物,并能说出总数。

中班:

(1)会正确点数10以内的实物,并能说出总数。

(2)学习不受物体的大小、形状和排列形式的影响,正确判断10以内物体的数量。

(3)感知和体验10以内相邻两数的等差关系。

(4)认识阿拉伯数字1～10。

大班:

(1)会10以内数的倒数,能注意生活中运用顺数、倒数的有关事例。

(2)感知和体验10以内相邻的3个数之间的等差关系。

(3)感知和体验10以内数除1以外，任何一个数都可以分成两个较小的数，两个较小的数合起来仍是原来的数。

(4)感知和体验两个较小的数之间的互补、互换关系。

(5)会解答生活和游戏中简单的加减应用题，理解加减的含义。认识加号、减号、等号，初步认识加减算式并知道算式表示的含义。

◎计数

计数教学内容可分为唱数、按物点数(按物取数、按数取物)、目测数、按群计数。

注意点：

(1)小班可以学习5以内唱数、中班学习10以内唱数、大班学习30以内唱数。

(2)按物点数包括顺数和倒数，顺数和倒数又分为直线排列数和非直线排列数。

(3)小班能按数取物(5以内)；中班能按数取物或按物取数(10以内)

(4)目测数先于数数能力发展，可以在小、中、大班进行，但在目测数目上要求有所不同。4～5岁目测最大数是5。

(5)按群计数是以按物点数为基础的，是大班活动重点。

◎数的实际意义

理解数的真正含义，其由易到难的活动内容包括基数、序数、相邻数、单双数、零等。教师开展这些教学时，需要与数词的教学融合。

注意点：

(1)基数教学主要围绕三个重点：说出总数、按数取物、按物取数。

(2)序数教学要结合教具的排列变化，明确序列的起点和方向。

(3)相邻数教学可按以下步骤进行：以唱数点数方式复习数字；引导幼儿观察相邻数的图片；让幼儿明确数字的顺序。同时要注意设置游戏情境，解决实际问题。

(4)单双数通常是大班教研内容，主要掌握10以内的单双数，要引导幼儿结合生活经验，解决实际问题。

(5)0的教育除了联系生活外，还应准备丰富的教具和实物，以让幼儿掌握0在不同场合的实际含义。

◎数字认读与书写

数字认读是指掌握认识10以内的数字，并能用数字表示10以内物体的数量。认读多安排在中班，书写则放在大班进行，主要让幼儿掌握握笔姿势和写字的规范。

注意点：

(1)要多种形式结合，学习数字的认读。当幼儿熟悉字形后，可采用卡片练习做配对游戏。

(2)数字书写时间不宜过长，写字的常规和写字的姿势培养比写得好不好更重要。

◎数的组成和分解

(1)10 以内数的组成一般在大班进行。目标是:理解和掌握 10 以内数的组成,知道总数比分成的两个部分数大,部分数比原来的数小;理解数组成中的互补、互换规律。

(2)学习数的组成,可以通过数实物、推理、理解后的记诵三个途径学习。需结合多种方式,让幼儿充分操作体验,忌死记硬背。教师要归纳规律,提升概念。

◎数运算

(1)数运算主要指 10 以内数加减运算,主要包括学习实物加减、口述应用题和列式运算等。

(2)口述应用题和纯粹用数字和符号组成的加减题区别在于,应用题寓加减问题于情境中。

(3)列式运算内容:识别符号“+、-、=”及含义;多种形式(根据实物演示列式、看图列式、根据口述应用题列式)呈现列式;得数为 0 的列式运算,加法交换律($a+b=b+a$)。

数运算设计要点:

(1)结合生活中实例,体验加减法含义。

(2)迁移操作活动的经验,进一步理解加减法含义。

(3)通过多样化交流讨论,为表象运算做准备。

口述应用题设计要点:

(1)渗透生活情景,唤起幼儿经验。

(2)应用题难度要适宜,语义结构有变化。

(3)教师口述应用题和幼儿编应用题相结合。

(4)关注集体的交流讨论,提示幼儿的准确表达。

列式运算的设计要点:

(1)结合生动情景,将具体转化为抽象。

(2)运用多种方式,掌握符号及其含义。

(3)兼顾不同水平,充分操作和练习。

(4)注重师幼互动,关注集体讨论。

(二)集合概念发展特点

泛化笼统的知觉阶段(3 岁前)—感知有限集合(3 岁以后空间封闭式集合数图比直线式排列感知容易)—感知集合元素数量阶段(数数、一一对应、视觉性提示)—感知集合包含关系(集合之间存在包含关系和相等关系)。

小班:

(1)知道自己和自己相关物体的归属,体验物体的相同属性。

(2)体验 1 和许多,及其关系。

(3)能按物体的一种特征做集合。

(4)能用一一对应的方法做等量集合。

(5)会比较两个集合元素的多、少和一样多。

中班:

(1)能按类的观念做等价集合。

(2)能概况物体(或图形)的两个特征并能按两个特征做集合。

(3)能按物体两个以上特征或特性做集合和排列。

大班:

(1)对集合做层级分类,体验集与子集的包含关系。

(2)能将物体集合进行多重分类。

集合教学的设计要点:

(1)渗透生活情景,设置问题背景。

(2)调动游戏手段,感知巩固概念。

(3)调动多种形式,加强操作体验(可运用求同操作——按标记求同、用排除法的方法进行操作练习)。

(4)学习正确比较,体验多种比较(对应比较的三种类型:重叠比较、并放比较、联线比较)

模式教学的设计与组织:

排序是模式的一种,也是模式的根本。模式不仅限于视觉的呈现,还包括声音、动作等呈现方式。

模式特性:重复性(如 ABABAB 或 1,2,3,5,8)和可预测性。

模式类型:重复性类型(如 ABC,ABC,ABC)和发展型类型(如"ab,abb,abbb,abbbb),还可分为实物模式和符号模式。

模式教学设计要点:

(1)合理、巧妙利用生活情景和故事情景。

(2)有序体现模式能力发展的渐进要求。

(3)关注多样化的模式表征。

(三)分类与统计

分类活动有:按外部特征分类、按内部属性分类、按数量关系和逻辑关系(通常用肯定或否定标记来代表)分类、两个特征或两个以上特征分类、层级分类(适宜中班末进行)、多重角度分类(适宜大班)。

分类教学内容主要有三个方面：

(1)学习按物体的一维特征分类。

(2)学习按层级分类。

(3)学习按二维(以上)特征分类。

分类活动设计要点：

(1)充分利用自然资源和日常生活情境。

(2)提供多种形式和材料的操作。

统计教学内容有：

(1)通过资料的收集、整理过程，在分类的基础上初步学会简单的统计。

(2)能看懂和学习用实物图示、图表和数符号等记录方式的统计。

(3)尝试用统计的思想对现实生活中有关的资料信息做出一定的解释与判断。

统计活动的设计要点：

(1)充分利用生活背景，感知统计的多种形式。

(2)提倡幼儿亲历统计过程，分享他人经验。

(3)明确思维要求，鼓励幼儿尝试对得到的结果做出简单的判断与预测。

(四)几何形体

幼儿几何形体概念发展的特点：

(1)从拓扑图形到欧氏几何。

先区分开放和封闭图形—借助于日常熟悉物体认识几何图形—区分曲线与直线图形。幼儿认识平面图形的顺序：圆形—正方形—三角形—长方形—半圆形—椭圆形—梯形。认识立体图形的顺序：球体—正方体—长方体—圆柱体。

(2)从局部粗糙的感知到完整细致的辨认。

(3)从与实体向联系的认识到抽象出形体的本质特征。

几何形体教育要求：

小班：

知道什么是圆形、正方形、三角形。

中班：

知道长方形、梯形、椭圆形；会用各种几何体进行拼搭和建造活动，体验图形边角关系。

大班：

(1)能指认正方体、长方体、球体、圆柱体，并能根据几何体的特征进行分类或排列。

(2)体验和理解平面图形之间的关系。

(3)会将实物或图形做二等分或四等分。

平面图形的教学内容主要涉及：认识和区分圆形、正方形、三角形、长方形、椭圆形、梯形等；理解平面图形之间的关系，并能进行组合、分解和拼搭。

平面图形的设计要点：(1)利用多种感官参与区分和识别图形。引导幼儿抚摸、观察物体的面，感知物体面的轮廓；出示与物体的面形状相似的几何图形，介绍其名称、特征；出示颜色不同、大小不同、排列形式不同的图形，巩固对图形的认识。(2)通过对图形的分割和拼合活动，认识图形之间的关系。(3)有机渗透其他教育内容，巩固对平面图形的认识。

等分形体的教学内容包括二等分和四等分。从形式上看，主要分为等分平面图形和等分几何形体。

等分的设计要点：(1)与生活实际相联系，在实践操作中学习和体会等分概念。在等分实物基础上等分形体。(2)等分学具和教具的选择和使用要恰当合理。

立体图形的教学内容：

(1)认识和区分球体、正方体、长方体和圆柱体。

(2)理解和区分平面图形与立体图形之间的关系。

立体图形的设计要点：

(1)通过感官比较、重叠比较感知形体特征。

(2)通过自然测量把握形体的主要特征和区别。

(3)通过动手操作活动加深对形体特征的认识。

（五）量的比较及自然测量

1. 量

量分为不连续量(分离量)和连续量(相关量)。

幼儿认识的通常是连续量。如多少、大小、长短、粗细、高矮、厚薄、宽窄、轻重、远近等。

2. 量的比较教学内容

(1)比较大小、长短、粗细、高矮、厚薄、宽窄、轻重、容积等量的差异。

(2)学习量的正逆排序。

(3)感知量的守恒。

(4)体验量的相对性和传递性。

小班：长短、大小比较；3～4 正逆排序。

中班：高矮、粗细、厚薄、宽窄比较；6 左右正逆排序；体验量的相对性。

大班：轻重、容积比较；10 左右正逆排序；体验量的相对性和传递性；感知量的守恒。

3. 量的比较设计要点

(1)运用各种感官感知、比较物体的量(目测、触摸、掂、提)。

(2)运用发现和寻找的方法感知物体量的差异。

(3)运用游戏法巩固对量的认识。

(4)两两比较,帮助幼儿有序推理。

(5)教具的选择和使用要正确。

(6)明确区分量的排序和模式排序。

(7)利用变式感知体验量的守恒。

排序:将两个以上的物体按照某种特征上的差异或一定的规则排列成序。排序分为按次序规则排序和按特定规则排序。它建立在量的比较基础上。

幼儿园主要学习自然测量,即利用自然物作为量具来测量物体的长短、高矮、粗细等。

幼儿长度测量的学习路径:

(1)能把长度单位首尾相接地排在一起。

(2)重复使用一个单位进行测量;能在测量单位的大小与其数量之间建立明确的关系。

(3)用尺子进行长度测量。

(4)理解零点在尺子上的意义,以及不同单位之间的关系。

测量设计要点:

(1)运用不同量具尝试操作实践。

(2)关键性测量技能要重点演示和强化。

(六)时间和空间

1. 时间和空间

时间特点:流动性、不可逆性、连续性(周期性)、均匀性、无直观性、相对性。

空间特点:相对性、连续性、可变性。

(1)幼儿概念发展特点

时间:

①主观性。

②含糊性。

③易受实际生活经验影响。

④易和空间关系混淆。

空间:

①认识空间方位的发展顺序:上下、前后、左右。

②认识由近及远逐步扩展。

③自我为中心转变为客体为中心。

④绝对化转变为相对化。

(2)不同年龄段教育要求

时间：

小班：理解“早上、晚上、白天、黑夜”含义，正确运用时间词汇。

中班：今天、明天和昨天，知道关系，正确运用；认识“年、月、四季、星期”，会看年历。

大班：认识钟表，学会看整点和半点；学会看日历，知道星期特点，7天名称和顺序，能说出昨天、今天、明天是星期几。

空间：

小班：能判断物体之间明显关系；能区分和说出以自身为中心的上下方位；能按指定方向运动。

中班：能区分和说出以自身为中心的前后方位；能区分和说出物体之间的空间关系。

大班：能以自身为中心和以客体为中心区分左右；会向左、向右方向运动，在日常生活中，能注意自己（或物体）在空间的位置和运动方向。

（3）常见教学策略

时间：

①认识“早、中、晚”，“白天与黑夜”（①密切联系生活，借助情境谈话；②唤起形象感知，体验时间顺序）。

②认识区分“昨天、今天、明天”（①尽量联系幼儿的生活事件；②重点把握好时间的相对性问题；③借助多种手段巩固时间概念）。

③认识“年、月、四季、星期”，学会看年历（①融入日常生活；②融入主题背景）。

④认识时钟（整点、半点）（①幼儿观察与教师演示讲解相结合；②给幼儿动手操作演示钟面的练习机会）。

空间：

①以自身为中心辨别上下、前后、左右（①从自身出发理解方位；②借助观察、比较、寻找等巩固方位）。

②以客体为中心辨别上下、前后、左右（①借助实物演示，引导细致观察；②利用游戏情景，巩固方位认识）。

注意点：

时间：

①在日常生活中引导幼儿关注时间，帮助幼儿学习并理解时间的词汇。

②有意识地向幼儿提出完成任务的时间和要求，培养幼儿的时间观念。

空间：

①空间方位认识从自身有关部位的方位认识开始，如“头在身体的什么地方”。

②认识空间从认识环境开始，采用方法是参观介绍、画线路图、教室布局等。

③多提供个别操作活动，培养幼儿空间知觉（包括手眼协调、视觉分辨）。例如，钉板图

案、走迷宫、找不同、拼图、排列等。

④在其他活动中渗透(学科教学、生活活动等)。

三、幼儿各年龄段数学活动的内容

(一)小　班

(1)学习按物体的一个特征进行分类。

(2)学习按物体量(大小、长短)的差异进行4个以内物体的排序,学习按物体的某一特征进行排序。

(3)认识"1"和"许多"及其关系。

(4)学习用一一对应的方法比较两组物体的数量,感知多、少和一样多。

(5)学习手口一致地从左到右点数4以内的实物,能说出总数,能按实物范例和指定的数目取出相应数量的物体,学习一些常用的量词。

(6)认识圆形、正方形和三角形。

(7)学习以自身为中心区分上下、前后、里外的空间方位及认识早、晚的时间概念,知道早、晚有代表性情节的日常变化。

(8)听懂老师的话,学习按照游戏规则进行活动;大胆地回答问题,初步学习用语言讲出操作活动的过程和结果。

(9)愿意参加数学活动,喜欢摆弄、操作数学材料;能在老师帮助下学习按要求拿取、摆放操作材料。

(二)中　班

(1)认识10以内的数字,理解数字的含义,会用数字表示物体的数量。

(2)学习10以内的基数:顺着数、倒着数、学习目测群数,学习不受物体空间排列形式和物体大小等外部因素的干扰,正确判断10以内的数量,感知和体验10以内自然数列中相邻两数的等差关系。

(3)学习10以内的序数。

(4)认识长方形、梯形、椭圆形。

(5)学习按某一特征的肯定与否定进行分类;学习概况图形的两个特征;能按两个特征对同一类物体进行逐级分类。

(6)学习按量(粗细、高矮等)的差异进行6以内的正逆排序;学习按特定的规则排序。

(7)能听清楚老师的话,能按要求进行活动,并学习按照要求检查自己的活动。

(8)能安静地倾听老师和同伴的讲话;学习用语言表述自己的操作活动过程和结果。

(9)观察、比较、判断10以内的数量关系,逐步建立等量观念;运用已有的知识经验,解决新的问题，学习新的知识，促进初步的推理和迁移能力的发展。

（10）能自己选择小组活动，即能根据各个小组的活动情况，确定自己去哪组活动；在日常生活中，喜欢选择数学游戏活动。

（11）能主动地、专心地进行数学操作活动，并对自己的活动成果感兴趣；在教师的引导下，能注意和发现周围环境中物体的量的差异，物体的现状以及它们在空间的位置等。

（三）大　班

（1）学习10以内的单数、双数、相邻数以及认识零。

（2）学习10以内数的分解和组成，体验总数与部分数之间的等量关系，部分数与部分数之间的互补和互换关系。

（3）学习10以内数的加减，认识加号、减号，理解加法、减法的含义，初步掌握10以内加减运算的技能，体验加减互逆关系。

（4）学习按物体两个以上特征或特性进行分类，并学习按标记进行逐级分类。

（5）初步感知集合的交集、并集关系及包含关系。

（6）能按物体量的差异和数量的不同进行10以内正、逆排序，初步体验序列之间的传递性、双重性及可逆性关系。

（7）认识几种常见的立体图形（正方体、球体、长方体、圆柱体）；能根据形体特征进行分类；体验平面图形与立体图形之间的关系。

（8）学习等分实物或图形；学习自然测量。

（9）学习以自身为中心和以客体为中心区分左右；会向左、向右方向运动。

（10）能认识时钟，学会看整点、半点，学习看日历，知道年、月、星期的名称和顺序。

（11）认识角、元、2元、5元、10元以内的人民币，能说出它们的单位名称，知道它们值是不同的。

（12）能听清楚若干操作活动的规则，能按规则进行活动，能按规则检查活动的过程和结果，并能参加较多小组的活动。

（13）能清楚地讲述操作活动过程和结果。

（14）能在老师的帮助下归纳、概况有关的数学经验；学习从不同角度、不同方面观察与思考问题；能通过观察、比较、类推、迁移等方法解决简单的数学问题。

（15）积极、主动地参加数学问题的讨论；学习有条理地摆放、整理活动材料。

（16）能与同伴友好地进行数学游戏，能采取轮流、适当等待、协商等方法协调与同伴的关系。

模块三　幼儿数学教育目标制定的意义

幼儿数学教育目标是对幼儿数学教育的目的和要求的归纳，是向幼儿实施数学教育的方向和准则。它的意义表现在以下几个方面。

一、幼儿数学教育目标规范了教师的教育观念和教育行为

教师是教育活动的组织者，也是教育活动方向的把握者。教师具有正确的目标意识，就可以选择适宜的、有价值的数学教育内容，灵活运用各种方法和手段，创设有利幼儿发展的数学教育环境。例如，教师让幼儿找一找环境中有哪些物品像圆形，这样的活动设计不仅让幼儿感受到物品的形状特征，而且激发了幼儿观察、探究物品特征的兴趣和好奇心。这一内容的选择是符合教育目标所要求的。又如幼儿数学教育目标中提到：让幼儿能从生活和游戏中感受事物的数量关系，体验到数学的重要和有趣。如何才能让幼儿感到到事物的数量关系，并体验到数学的重要和有趣？是教师引导幼儿从生活和游戏中感受事物的数量关系，还是教师将事物的数量关系讲给幼儿听呢？显然应采取前一种做法而不是后面的做法，因为在幼儿对事物的数量关系没有感受的情况下，教师的“讲解”“告诉”都只能是向幼儿进行知识的灌输，违背了幼儿的学习特点。因此在幼儿数学教育中，教师应以教育目标为准则，选择那些能让幼儿感受事物数量关系的方法和手段，摈弃一切违背幼儿认知特点的方法、手段。

二、幼儿数学教育目标可指导和控制数学教育的整个过程

数学教育过程是一多因素参与的过程，在这过程中既要使各个因素之间协调平衡，又要排除与教育目标不一致的因素。例如，数学教育中涉及教师、幼儿、活动材料三个因素之间的关系，在幼儿数学教育实践中，既要更好地发挥教师的主导作用，又要发挥幼儿活动中的主体地位 、以及让幼儿能充分地与活动材料相互作用，这些都必须以教育目标来指导和控制。

三、数学教育目标明示了数学教育评价的标准

数学教育目标是数学教育的起点，也是数学教育的归宿。数学教育目标规定了数学教育内容的范围，幼儿发展的要求，同时数学教育目标也是衡量幼儿发展是否达到预期目标的标准，是衡量教师所进行的教育是否有效的标准。依据数学教育目标，人们可以考察、评价在数学教育中教师的行为表现，幼儿的发展状况，也可以考察、评价数学教育的计划、手段、方法及环境创设等。因此，数学教育目标既是衡量幼儿发展的尺度，也是衡量教育成效的尺度。

【单元小结】

本单元阐述了幼儿园数学教育活动的目标，重点介绍了幼儿园数学教育活动的内容和要求。

1. 幼儿园数学教育目标是一个有机的整体，它是以有序的结构组织起来的系统，分为总目标（一级目标）、各年龄阶段目标（二级目标）和数学教育活动目标（三级目标）。

2. 教师在制定与表述数学教育活动目标时要注意以下几点：目标的发展性；目标的全面性；目标的针对性；目标的统一性；目标的适宜性。

3. 幼儿的数学学习内容不仅有数的学习，现实生活中普遍存在的量、形、时间、空间及统计知识等都可以成为幼儿学习数学的内容。

【思考题】

1. 幼儿园数学教育活动的目标有哪些层次？各个层次之间有什么关系？

2. 幼儿园数学教育活动的总目标包括哪些内容？

3. 教师在制定与表述数学教育活动目标时要注意哪几点？

4. 幼儿园数学教育活动的主要内容是什么？

5. 幼儿园数学教育活动的要求是什么？

6. 幼儿园各阶段的数学教育活动的要求是什么？

第三单元　幼儿园数学教育活动的途径和方法

【学习目标】

1. 了解幼儿数学教育有哪些途径及各自的特点；

2. 理解幼儿数学教育基本方法的涵义及掌握的要求，重在掌握如何运用这些基本的要求。

幼儿数学教育的途径，就是指向幼儿实施数学教育的活动形式。幼儿生活中各种形式的活动都是向幼儿进行数学教育的有效途径和手段。幼儿对数的理解是一个渐近、变化以及主动建构的过程，它依赖于感性经验，并在社会性交往过程中得到发展。幼儿的数学经验来自于自然学习、非正式学习和有目的、有组织的学习。只有当学习发生在幼儿熟悉且有意义的情境中时，幼儿才能在理解的基础上进行学习。

幼儿园的数学教育途径包括：专门的数学教育活动、主题活动、区角活动以及日常生活活动，不同的活动为幼儿提供丰富、多样的数学经验。

模块一　幼儿园数学教育活动的途径

一、专门的数学教育活动

专门的数学教育活动是由教师发起的，指向幼儿学习的双边活动。它是一种有目的、有组织、有计划的活动，包括教和学两个方面。在幼教实践中，教学常以全班的形式进行，因此常称作集体教学或上课。

专门的数学教育活动对幼儿数学学习的价值表现在以下几个方面。

(1)专门的数学教育活动提供的系统化的学习内容和关键性的学习经验，为幼儿数学概念的发展提供了阶梯。在专门的数学活动中，幼儿的学习经验经过教师的有意识选择，因此这些经验的学习，有助于幼儿感受、体验事物的数量关系，感知、把握数学概念的本质属性，从而发展抽象逻辑思维，提高解决问题的能力。

(2)专门的数学教育活动中教师的直接指导，为幼儿数学概念的发展提供了支架。在专门的数学教育活动中，教师不仅为幼儿获得数学经验创设环境，提供学习材料，还通过自己的直接指导促进幼儿的发展。例如，教师根据幼儿的日常生活经验以及活动中的表现，选择有意义、有挑战性的问题，引发幼儿的思考，并鼓励他们通过猜测、操作、讨论等多种方法解决问题。在解决问题的过程中，幼儿积累了数学经验，学习了解决问题的策略和技能，也发展了抽象逻辑思维。

(3)专门的数学教育活动所采取的集体教学形式，为全体幼儿的共同发展创造了条件。专门的数学教育活动通常采用全班或分组的集体形式，保证了每个幼儿都有机会参与活动，获得发展。在专门的数学教育活动中，教师通过直接指导对全体幼儿产生影响。这种有目的、有计划的教学活动，不仅是对幼儿的数学启蒙，而且也使幼儿在与人、物的互动中，身心得到和谐发展。当前，我国相当一部分幼儿园班级人数众多，环境条件和可能提供的材料有限，教师很难保证对所有幼儿实施个性化的指导。因此，集体教学就显得非常必要，它是全体幼儿获得基本发展的重要保证。

教师在组织教学活动的过程中应注意以下问题。

(1)创设情境，激发幼儿学习兴趣

教师应通过创设问题情境，运用多种方式、方法引起幼儿学习兴趣，使幼儿主动参与活动，积极地进行学习。

(2)鼓励幼儿进行操作和探索

在幼儿操作过程中，教师应给予足够的时间和空间，让其充分地尝试、探索，寻求解决问题的方法，感受和发现其中的数学关系。同时，教师要仔细观察幼儿的活动过程，了解其学习过程和特点，分析其可能的思维活动状况，即幼儿智慧发展水平，必要时应给予鼓励和帮助。

(3)帮助幼儿归纳整理已有的经验

教师应帮助幼儿归纳、整理活动中获得的经验，并通过提问，引导幼儿及时将自己零散的经验进行整理，并逐渐形成一些初级的数学概念，进而同化或顺应到已有的认知结构中。这些形成结构的知识经验，不仅易于储存也便于今后使用时的检索和提取。

专门的教学活动的组织形式一般分为以下三种。

(1)集体活动形式

集体活动形式是指教师直接组织和指导全班幼儿进行学习的活动形式。这种形式便于教师组织、管理，可以培养幼儿的规则意识和自制力，并让幼儿体验到集体活动和游戏的快乐。但集体活动在教学目标上整齐划一，不易兼顾到幼儿的个体差异，教师也很难进行个别指导，因此教师应尽可能采用启发式教学，提供不同层次的操作材料，充分调动幼儿学习的主动性和积极性，使幼儿愉快、富有成效地进行学习。

(2)小组活动形式

小组活动形式是指教师根据教学要求将相关的教学内容设计成多个不同的操作活动，分小组提供给幼儿。幼儿在教师指导下，根据自己的兴趣和需要选择其中的部分或全部活动。小组活动中有以下两种组织方式：一种是每个小组的活动内容相同，即幼儿使用相同的材料从事相同的活动，从而获得同一种经验。另一种是每个小组的活动内容不同，可能是完全不同，也可能是同一内容的不同层次。这种安排，使幼儿有机会选择与自己发展水平相适应的材料进行学习，也使幼儿有了更多交往和学习的机会。

(3)集体与小组相结合的活动形式

集体与小组相结合的活动形式是指在同一活动内既有集体活动也有小组活动，这样做可充分发挥两种活动形式的长处，较好地解决统一的教学要求与不同的个体发展水平之间的矛盾，以满足不同幼儿的发展需要，促进他们在各自水平上的发展。集体活动和小组活动结合有以下两种情况。

一种是先开展全班集体活动，再分小组活动。集体活动的内容大多为新活动内容或新游戏介绍。有时在集体活动中，还会针对幼儿在小组活动中的表现和问题，有针对性地再次强调某一活动的规则或注意事项。小组活动中教师一般安排 3～4 项不同的内容，幼儿自己独立选择小组活动，并在完成一组作业后再去其他小组活动，教师应鼓励幼儿轮流参与多组活动，以获得多样的学习经验。

另一种是幼儿先进行小组活动，然后再进行全班活动。在数学教育中，有些学习内容可以让幼儿先进行尝试、探索获得经验，在此基础上，教师可启发幼儿相互介绍自己的活动过程和结果，并鼓励幼儿运用不同的策略解决问题。教师根据幼儿小组活动的情况，可组织幼儿讨论、交流彼此的学习经验，梳理、提升已获得的经验，或是教师提出新的问题，引导幼儿运用已有的知识、经验来解决，培养幼儿运用知识解决问题的能力。

专门的数学教育活动在组织形式上可以是多样化的，教师应根据幼儿园的具体情况，采取灵活的形式，将集体活动与幼儿的操作学习有机结合，使幼儿的数学学习取得更好的效果。

二、渗透性的数学教育活动

渗透性的数学教育活动是指除专门的数学教育活动以外的，渗透于其他教育活动和幼儿一日生活中的数学教育活动。其内容和形式是十分丰富、灵活的。

(一)主题活动中的数学教育

主题活动是指在一段时间围绕一个中心内容(主题)来组织教育、教学活动。主题内容来源于幼儿的生活，而不是学科领域。一个主题活动通常包含各个领域或学科的学习内容，它们之间相互渗透，使幼儿对事物获得一个较为整体、全面和生活化的把握。

（1）主题活动中数学教育的价值

幼儿结合主题内容学习数学，有利于其积累丰富多样的数学经验，加深幼儿对数学知识的理解，而且，在主题活动中所获得的数学经验更贴近幼儿的生活，更富有实际意义。在主题活动中，幼儿通过解决问题的过程学习数学，亲身体验数学的实际应用，感受数学的需要和有趣。

（2）主题活动中数学教育活动的设计

应该说任何一个主题都包含着数学教育的内容，但这些内容如何与主题有机结合，需要教师的具体分析、检核。首先，教师要分析、检核主题活动涵盖的数学教育内容以及可以向幼儿提供哪些学习经验；其次，教师应根据幼儿的发展水平检核已有经验，幼儿的兴趣和需要，设计数学教育、教学活动。例如，根据“蔬菜”这一主题，可以设计分类、统计、比较、观察记录和超市游戏等活动。

（3）以数学教育内容作为主题的活动设计

主题的来源之一是领域，因此，可将数学教育内容作为主题设计活动。例如，“超市购物”“五彩的树叶”等。在以数学教育内容作为主题进行活动设计时需要考虑以下问题：这一主题涵盖了哪些数学教育内容；涵盖了哪些领域的教育内容；在这一主题中，幼儿所要学习的经验，需要通过哪些教育、教学活动获得。

（4）主题活动中渗透数学教育应注意的问题

在主题活动中，数学教育内容的整合是通过多种教育形式实现的，包括集体的教学活动、区角活动及日常生活；在主题活动中，数学教育内容的整合应自然地渗透其中，不能因要突出数学内容而冲淡了主题；在主题活动中，幼儿有时还会生成一些与数学有关的活动，对此教师应给予关注和支持。

（二）活动区角中的数学教育

活动区角中的数学教育是指教师在数学区角中提供操作材料，让幼儿自选的数学活动。区角活动的内容与专门的教学活动或主题活动紧密联系，是专门的教学活动和主题活动的一个有机的组成部分。

（1）区角活动对幼儿数学学习的价值

区角活动为幼儿提供了一定的操作练习机会。数学概念的形成和发展需要建立在丰富的经验基础上，幼儿对某一数学概念的掌握和理解，需要经历一个比较长的时间。因此，幼儿的练习和巩固就显得非常必要。

区角活动给予幼儿主动学习的机会，幼儿可以根据自己的兴趣、需要，决定进入区角活动的时间，并自主选择活动材料开展活动，他们能够按照自己的方式，自主地建构数概念。因此，区角活动可使幼儿学习的主动性和积极性得到充分发挥。

区角活动使幼儿获得个别指导的机会，教师在区角中提供的数学活动往往具有不同的层次，可以适应不同发展水平的幼儿的学习需要。区角活动中，教师有时间观察个别幼儿的学习，并对他们进行个别化的指导。这些个别化教育可以保证每个幼儿都能从活动中获取有益的数学经验。

(2)组织区角数学活动需注意的问题

区角活动空间的大小一般依活动室的大小而定，但活动场所应相对固定，以便常规活动的建立。摆放材料的橱柜应靠近活动区角，以便幼儿拿取和整理材料；活动材料的数量应充足，每种材料具有不同的层次。根据幼儿的学习情况，材料要不断补充、调整；教师要向幼儿介绍每种活动的要求和游戏规则，幼儿活动时，教师要观察幼儿的活动情况，支持鼓励他们的活动，并给予必要的指导和帮助。

(三)日常生活中的数学教育

日常生活是指幼儿一天中进行的各种活动，是幼儿数学学习的一个重要途径。

日常生活中的数学教育具有经常性和真实性的特点，使幼儿不知不觉、自然而然地学习“数学”，获得丰富多样的数学经验。生活中的数学学习对幼儿发展的价值就在于：使幼儿在自然、快乐的氛围中感受、学习数学，体验数学的重要和有趣，从而积极主动地学习数学，萌发学习的兴趣和自信心。

生活中的数学教育应注意以下问题。

(1)教师要善于在生活中捕捉数学教育的契机，引导幼儿学习数学。

现实生活中的物体都具有数、量、形的属性，当幼儿面对这些物体时，也就面对着一个数学的世界。但是如果缺少成人的引导，这些都可能成为幼儿视野和知觉以外的东西。因此，教师善于捕捉数学教育的契机，引导幼儿关注、学习，让幼儿经历真正的问题解决过程，并在解决问题的过程中获得发展。

(2)教师要观察幼儿的活动，并对他们在活动中的表现给予一定的反馈，以促进他们的发展。

(四)游戏活动中的数学教育

游戏是幼儿最喜爱、最基本的活动，也是幼儿数学教育的有效手段。把抽象的数学知识与生动活泼的游戏紧密结合起来，能够使幼儿自发地应用数学知识，获得有益的数学经验。例如，积木游戏包括空间关系、几何形体、测量等数学知识，同时又与分类、排序、数量的比较等相联系。幼儿在搭建的过程中，在游戏体验中能获得数、形的经验和知识。玩沙玩水游戏是幼儿十分喜爱的游戏。幼儿通过用各种形状的容器盛装沙和水，感知容量守恒。沙子和水混合后还可垒成多种立体模型，使幼儿感受不同的空间形式。在各种角色游戏中，更有大量学习数学的机会。例如，在商店游戏中，幼儿可以将商品分类摆放，并在买卖过程中学习数的加减运算。其他如抢椅子游戏、扑克牌游戏等，可使幼儿比较10以内数的多少、大小，学习数的组成、加减和序数等知识。在游戏中，幼儿能伴随愉快的情绪体验获得数、形的经验和知识，形成初步的数概念。

（玩手指游戏，边玩边数边比：一二三四五，六七八九十，十个好朋友，花样变不完 。伸出大拇指，我俩一样粗；伸出小拇指，你俩一样小；伸出一只手，中指最最高；伸出两只手，十指排排队 。）

（五）各类教育活动的数学教育

各领域教育内容虽然研究对象不同，但都包含着一定的关于数量关系和空间形式的内容。将数学教育渗透于其他教育活动内容中，能够巩固、加深、补充和促进幼儿数学概念的发展，能使数学学习更为生动和有效。因此，教师在完成各领域教育任务的同时，应有意识地渗透有关数学教育内容。例如，在绘画、泥工活动中，幼儿可以获得有关空间、形状、对称意识以及体积、重量等感性经验。在体育活动中，幼儿可以有更多的机会形成空间方位意识。在科学教育中，幼儿可以自然地运用测量、数数等方法发现物体之间的数量关系和空间关系，提高数学应用意识，发展分析问题、解决问题的能力。在艺术欣赏活动中，我们可以让孩子欣赏自然界中蕴含数学美的物体，如花朵、蝴蝶、贝壳、蜂房、各类植物的叶子、向日葵花盘等，使幼儿感受排列形式上的秩序美与和谐美，感受数学魅力。

模块二　幼儿数学教育活动的方法

教育方法是教育目标转化为幼儿发展的中介，是完成教育任务的重要手段。在幼儿数学教育活动中，教育方法运用得是否恰当，将直接关系到幼儿数学教育任务的完成和教学的效果。幼儿数学教育方法的选择要根据数学教育的目标内容、幼儿学习数学的特点和数学的学科特点。在数学教育中常用的方法有以下几个方面。

一、操作法

（一）含　义

教师为幼儿提供合适的材料、教具、环境，让幼儿在自己摆弄的实践过程中进行探索，获得数学感性经验和逻辑知识的一种方法。

（二）操作法是幼儿学习数学的基本方法，也是幼儿园数学教育的主要方法

当代心理学研究证明：幼儿对数学知识的获得方式始于幼儿对物体的行动，也就是说，幼儿学习数学首先依靠的是作用于物体的动作。

皮亚杰在论述数理知识与其他知识的不同时曾用“反省抽象”这一术语来解释，他指出

“反省抽象”包含了物体之间的关系的建立，而这种关系在客观现实中是不存在的，它只存在于能够形成物体关系的人的大脑中，幼儿对这种关系的获得就是幼儿的大脑从他们与物体相互作用的动作中抽象出来的。比如，幼儿在点数 4 个皮球时，“4”这一数理知识不存在于任何一个皮球上，而是由幼儿把连续点数的每个动作加在一起，在头脑中建立了 4 个皮球之间的整体关系以及手点物体动作与口念数词动作的一一对应关系（手口不一致就会出错），这样才得出了这几个皮球数目为 4 的结论。由此可见，数的知识存在于物体之间的关系上，而这种关系是幼儿通过各种作用于物体的动作在大脑中建立的。所以，从数理知识的抽象特点来看，幼儿是通过动作即操作活动学习数学的。

幼儿的自律性差，注意力集中时间短，不能较长时间安静地看和听，而操作法是正符合幼儿好动天性的。所以我们强调在幼儿园的数学教育中应以幼儿的操作活动为主要的教育方法 ，因为这种方法既符合数学知识的抽象特征、幼儿学习数学的认知特点，又适于幼儿好动的天性，能诱发幼儿的学习兴趣，有效地利用数学教育促进幼儿思维逻辑性的发展。

（三）运用要求

1. 明确操作顺序

动手操作材料，发现问题—语言表述动作结果—教师引导讨论操作结果。

2. 创设操作条件

每个幼儿一份材料；有充分的操作空间和时间；允许同伴间的交流。

3. 交待操作目的要求及方法

对缺乏经验的幼小幼儿在使用新材料或工具时，要交待具体的要求和方法。

4. 体现年龄差异

不同年龄班在应用此法时要有所区别。

（四）存在的问题

操作法作为幼儿园数学教育的主要方法正逐渐引起广大幼教工作者的重视，但在实际工作中，若以幼儿园数学教育目标为基准来分析该方法的运用，还存在这样一些问题。

1. 只把操作法作为巩固知识的一种手段

在幼儿园数学教育过程中，操作活动应真正成为幼儿探索数学逻辑关系、积累数学经验的主要手段。但不少教师在教育教学过程中往往先演示，先讲解，然后通过操作法来巩固练习，这种做法是与幼儿的认知特点相背离的，当然不能有效地促进幼儿的发展。某幼儿园一教师教中班幼儿认识单双数的数学活动：在整个教学过程中，大部分时间是教师站在那儿演示、讲解，幼儿则按教师的指令“小手背后、小脚并拢”，坐在那儿安静地听、看，然后反复记忆：1、3、5、7、9 是单数，2、4、6、8、10 是双数。因而尽管教师反复强调纪律，幼儿还表现出说话、做小动作等各种注意力不集中的现象。虽然在教学活动结束时部分幼儿记住了单双数，但在教师追问为什么这几个数是单双数时，幼儿又无言以对。这说明他们是通过机械记忆掌握知识的。这样的教育又怎么能实现培养兴趣、发展幼儿思维的数学教育目标呢？后来听课的专家问这位教师，为什么不把教师演示的配对活动变成幼儿的动手操作，然后再让他们用语言和数字表示配对结果，这样既发挥了幼儿学习的主动性、调动了积极性，又能使幼儿通过动作体验单双数的涵义。这位教师说操作活动安排在下次的复习课上，如果这次安排，教学秩序怕是要乱的。由此看来，在我们的幼儿园教育工作中，教师对操作法认识上的偏差以及怕乱的思想（这种思想的根源是没把幼儿的发展放在教育的首位）是造成重演示，轻操作这一弊病的主要原因。而一切从幼儿园数学教育目标出发，从幼儿发展出发选择教育方法是幼儿园数学教育改革的重要一步。

2. 重指令性操作，轻主动性操作

动作操作法的意义在于该方法能极大地调动幼儿学习的积极性、促进幼儿思维发展。但在运用过程中，部分教师将其理解为完全的指令性操作，不是让幼儿在动手过程中能主动地探索、积极地思考，而是教师发布口令，幼儿统一操作，把幼儿视为机器人，完全听从于教师的指挥。这样的操作活动从形式上看注意了让幼儿通过动作进行学习，但从实质上看没有发挥幼儿的主体作用，也没给幼儿的数学探索活动创造宽松的心理环境，更没有尊重幼儿在思维品质、学习方式上的差异性，当然无法达到培养幼儿学习兴趣，发展幼儿思维能力的目的。我们来看看南京鼓楼幼儿园的一次20多分钟的数学教育活动：活动开始时教师只用两三分钟时间演示了一组图片，启发幼儿讨论怎样判断两组物体是否一样多，然后对每一组幼儿说明操作要求（每组的操作材料不同，有算珠、分类盒、图片等），接着分组进行操作活动，本组活动进行完的幼儿到其他组活动。孩子们在操作过程中兴趣浓厚、注意力集中，情绪愉快，他们无拘无束地讨论操作结果，大胆地进行探索活动；能力强的幼儿完成全部活动内容后还主动帮助其他幼儿；思维过程不同的幼儿还在争论判断两组物体的多少时，是用一一对应的方法还是用点数的方法，当然教师及时的指导使他们得到了满意的答案。这样的活动给予我们最大的启示应该是：只有充分重视、尊重幼儿在学习上的主体性，承认幼儿思维的个别差异，让幼儿主动操作，才能真正发挥操作活动的作用，促进每个幼儿的发展。

3. 缺乏系列化操作材料

操作材料是操作活动的物质支柱，要想通过幼儿的操作活动促进幼儿的思维发展，就必须为幼儿提供符合其思维特点的数学活动材料。我们知道，幼儿数学概念的形成是一个逐步抽象的过程，这一过程大致分为三个阶段：第一阶段是实物操作阶段，幼儿通过作用于物体的动作，获得对某个概念内涵的体验，为下一步的抽象储存充分的图像，与这一阶段相适应，教师应为幼儿提供实物操作材料（如小石子、木珠等）；第二阶段是形象表征阶段，即幼儿用语言、图片或具有概括性的标记把自己的动作体验表达出来，为了促进这一阶段抽象思维的发展，教师应为幼儿多提供具有概括意义的标记（如圆点卡牌）；第三阶段是符号表征阶段，这时幼儿已完成对数学概念的建构过程，学习用抽象的数字符号来表征概念内涵。当然与此相适应的，教师应为幼儿提供数字操作卡片。所以只有提供与幼儿数学概念形成过程相适应的操作材料才能有效地促进幼儿思维的进一步深化。但在幼儿园实际数学教育中，常常会忽略这一点，缺少系列化操作材料，尤其忽视概括性标记的提供，往往从实物操作直接进入数字抽象，越过了幼儿的形象表征心理阶段，当然这样的操作活动不利于幼儿抽象性思维的发展。

二、讨论法

（一）讨论法的作用

在幼儿园的数学教育中，讨论是一种常用的学习方法。讨论的时机选择在操作的不同阶段，就会对幼儿的具体操作及思维活动起不同的作用。

1. 操作前进行的讨论

目的是了解操作内容、操作材料及操作规则。这种讨论主要伴随着对范例和演示活动的分析进行。例如，“看看珠子是怎么排列的？”通过这一讨论，就使幼儿懂得了要先找出珠子的排列规律，才能按排列规律接着穿。这样既有利于幼儿掌握操作要求，又有助于提高幼儿的分析能力。

2. 操作后进行的讨论

目的是帮助幼儿将他们在操作中获得的感性经验予以整理、归纳，从而获得正确的数学概念。例如，在有关形体的操作后，讨论形体的特征；在有关数组成的操作后，讨论数组成的关系等。这些讨论的着眼点都在于帮助幼儿进行抽象概括，使他们把自己对事物的外部特征的认识转向内在的、有规律的思考。

3. 操作中随机进行的讨论

有的讨论则是根据操作的进展随机进行的。例如，在图形块分类的操作中，大多数幼儿是按颜色、形状的标准给图形块分类的，当发现有人按厚薄标准分类时，便可乘机让幼儿讨论：“你们看，这个小朋友和你们分的有什么不同？”这样就能扩展幼儿的思路。虽然这种讨论不是列入计划的，但它针对性强，是有目的、有计划教育的一种完善和必要的补充。

（二）讨论的不同形式

不同的教学内容和要求，宜采用不同的讨论形式，这是能否发挥讨论的教学功能的重要一环。

1. 辨别性讨论

常常用于对两种或两种以上的内容进行比较时。例如，用四种颜色的笔描画出长方形、正方形后，要求幼儿讨论：“这两种图形有什么相同的？什么不相同的？”教师鼓励幼儿充分讨论、仔细辨别，从而进一步感知两种图形的特征。进行这种讨论时，着眼点不在追求答案，而在于使幼儿学会比较和积极思考。

2. 修正性讨论

通过讨论，让幼儿认识到操作中的谬误所在，并运用已有的知识进行分析，提出修正办法 。例如，下面两张用图形块进行分类操作后的记录单，让幼儿观察后讨论："这两张记录单分别记录了分类的结果，哪张是记错的，哪张是对的，为什么？"幼儿通过分析，逐步认识到分类标准与分类标记必须一致。由于幼儿找到了其中一张的错误所在，因而，他们更清晰地掌握了正确的分类和记录的方法。进行这种讨论时，应着重引导幼儿去发现问题，这是提出修正办法的先导。

3. 交流性讨论

主要用于有多种答案的问题的讨论，讨论时应注意让每个幼儿陈述不同的操作体验，扩展幼儿的思路。例如，把 8 个圆片等分后讨论："你把圆片分成了几份？每份是几个？"让幼儿说出不同的等分方法。这样，幼儿便从讨论中获得了三种不同的等分方法，丰富了知识经验。

4. 归纳性讨论

它能帮助幼儿归纳操作中的体验，使之条理化、概念化。例如，让幼儿将圆片等分后讨论："哪种分法使每份的圆片多些？哪种分法少些？哪种分法最少？"通过讨论，引导幼儿概括出在等分中，若分的份数越少，每份的数量就越多；分的份数越多，每份的数量就越少的关系。在这里，不应简单地用教师的概括去代替幼儿的概括，否则不利于幼儿分析、综合能力的提高，应围绕问题分层设问，引导幼儿深入到份数与数量的关系上，最后让幼儿自己去得出结论。

（三）运用要求

在具体运用讨论方法时，为了取得预期的教学效果，我们还要注意以下几点。

1. 要有讨论的基础

对幼儿来说，没有一定的知识经验，讨论是无法开展的。因此，讨论往往是伴随着操作活动而展开的，操作体验是讨论的基础。幼儿有了一定的感性认识，才能对要讨论的内容作出积极的反应，也才能接受讨论的最终结果。例如，我们出示 8 个贴绒圆球（其中 3 个是红色的，5 个是绿色的），当我们讨论"是圆球多还是绿球多？为什么？"时，多数幼儿都认为绿色的圆球多。幼儿得出这个错误结论的原因是幼儿还不具备认识类包含关系的心理基础，他们对整体与部分的关系还不理解。于是，我们有意识地安排幼儿在以后的一段时间内进行了类似的操作活动。当后来再次进行讨论时，就有越来越多的幼儿反映出认识的进展，得出了"是圆球多，因为红球、绿球都是圆球"的结论。

2. 要重视讨论的过程

幼儿数学教育的重点不在于传授知识，而在于促进幼儿思维的发展，因此讨论的过程比结论更重要。在讨论过程中,教师要注意倾听幼儿的操作体验,观察分析幼儿在讨论中的反应,了解幼儿的思维形式和思维活动的过程,在这基础上再进行有的放矢的教育,效果就会比告诉幼儿结论好得多。

3. 注重差异,因人施教

有些能力较弱的幼儿往往很少参与讨论活动,这对树立他们的自信心、发展思维都是不利的。所以,我们在讨论中常常从简单问题引入,采取多肯定、多鼓励的方法,帮助幼儿克服自卑感,树立自信心。当他们有了一定的基础之后,再渐渐地提高问题的难度,使他们在原有的水平上得到发展。对胆小的幼儿,则引导他们参加新颖有趣的数学游戏,帮助他们消除紧张感,大胆地说出自己的意见。此外,教师平时多参与他们的数学活动,多组织随机讨论,也是使他们对讨论产生兴趣的一种好办法。

三、游戏法

(一)含　义

将抽象的数学知识寓于幼儿感兴趣的游戏中,让幼儿在各种自由自在、无拘无束的游戏活动中学习数学的一种方法。采用游戏进行数学教育,让幼儿在玩中学,在学中玩,效果很好。它有利于调动幼儿的学习积极性,激发学习兴趣。

(二)数学游戏的种类

1. 操作性游戏

通过操作玩具或实物材料,获得数学知识的一种游戏。有一定的规则。

"图形宝宝找家"(认识或巩固三角形、圆形和正方形等图形)。

"小动物在哪里"(感知上下、前后等空间方位)把四只小动物分别藏在"桌子娃娃"(是用冰淇淋盒子剪制成的,有四条腿,一侧有眼睛、嘴巴)的上、下、前、后四个方位,并说一说"小动物在'桌子娃娃'的 X 面""我和圆圈做游戏"听到"小朋友真能干,一起站到圆圈 X 面"的指令后,迅速调整自己和圆圈的位置关系。"拆盒子"(把正方体纸盒拆开成一平面,了解正方体有 6 个面);"折盒子"(把拆开的盒子还原正方体纸盒,初步感到正方体的 6 个面与正方体的关系)。"数字娃娃找邻居"。要求幼儿根据出示的数字卡找出离它最近的两位邻居并说出为什么。例如,老师出示数字 2,请个别幼儿回答,其他幼儿补充,引导启发幼儿说出 2 的邻居是 1 和 3。因为 1 比 2 少 1,3 比 2 多 1。同样的方法请幼儿说出 3、4 的两位邻居。

2. 情节性游戏

通过安排具有一定情节、内容和角色的情节来体现所学数学知识的游戏活动。例如,"猫抓老鼠"(体验 1 和许多)和过"娃娃家"。

3. 竞赛性游戏

是带有竞赛性质的数学游戏。

“数物接龙”每张卡片的两端分别是数和物，且数和物的量不等，把一卡片上的数和另一卡片与此数相等的物体相接，依次续接，谁在规定时间内接完为胜。

4. 运动性游戏

寓数学概念或知识于体育活动之中的游戏。例如，“老鹰抓小鸡”“占圈”“掷飞镖”等。

5. 多感官参与的游戏

通过不同的感官进行数学学习的游戏。例如，“奇妙的口袋”“看数卡做动作”（幼儿看到老师出示的数卡是几，马上拍几下手或跺几下脚，可以请个别幼儿做，也可以集体做。）“看动物卡学动物叫（或跳）”。幼儿看到老师出示的某种动物群卡，先目测说数量，然后学该动物叫几声（或跳几下）。例如，老师出示画有 4 只小狗的卡片，幼儿说出 4 并学小狗叫 4 声；老师再出示数字 4 让幼儿读。又如卡片上有 5 只青蛙，幼儿可先说出 5 后学青蛙跳 5 下，然后再让读数字 5。

6. 智力游戏

以发展智力为主要任务的运用数学知识进行的游戏。例如，“找动物”这个游戏，它是让幼儿通过观察画面，在美丽的森林里找出动物伙伴，并数一数不同的动物各有几只。幼儿通过观察、点数，从而培养了幼儿认真观察事物的能力。“数字找家”游戏。分别用树叶、花、梨、苹果等实物代表某个数字的家。让幼儿采用不同的方法进行识记。这种数物交替训练，可以增强幼儿的记忆力与思维反应敏捷力。还可通过拼图游戏训练幼儿的想象力，通过排序游戏训练幼儿的逻辑思维能力。“我是小小电报员”将幼儿分成若干小组，每组站成一排或者一个圆圈。教师小声地将电报数字号码告诉每组的第一个幼儿，不能让其他的幼儿知道，然后听信号拍电报。第一个小朋友将右手在第二个小朋友左手心按老师说的数目点几下（如电报数字是 5 就用手指轻轻点 5 下。依次往下进行。由最后一个小朋友报出电报的号码，看看哪组的电报拍的快、拍的准确。）可以培养幼儿灵敏和做事认真的习惯，发展幼儿的触觉、注意力和记忆力。

（三）运用要求

（1）让幼儿与数学共同“游戏”。幼儿数学教育决不能单纯教知识，而必须寓教于乐，在幼儿感兴趣的游戏或活动中渗透粗浅的数学知识，让幼儿在感知知识时获得满足感。游戏法是一种常用方法，它将抽象的数学知识寓于幼儿感兴趣的游戏中，让幼儿在游戏活动中学习，有利于调动积极性和激发兴趣。

（2）让幼儿在操作中学习。皮亚杰的警告：数学不是教会的，而是幼儿自己发明的。我们成人最大的误区就是试图用语言来教会幼儿数学。操作探究活动是幼儿主动获得科学知识的重要途径，鼓励幼儿运用视觉、听觉、触觉等各种感官感知事物，不断地发现问题。

（3）引导幼儿在生活中学习数学、应用数学。幼儿对数学的感知建立在生活经验的基础上，生活中处处有数学。我们应充分利用生活素材让幼儿积累数学感性经验，引导幼儿通过各种感觉通道感受来自生活的种种数学信息。

四、比较法

（一）含　义

是通过对两个或两个以上物体的比较，让幼儿找出它们在数、量、形等方面的异同。

（二）比较的形式

1. 简单比较和复杂比较。

2. 对应比较和非对应比较。

对应比较是把两个（组）物体一一对应加以比较。具体分三种。

（1）重叠式：把一个（组）物体重叠在另一个（组）物体上，形成两个（组）物体元素之间的一一对应关系，从而进行量或数的比较。

（2）并放式：把一个（组）物体并放在另一个（组）物体的下面，形成两个（组）物体元素之间的一一对应关系，进行量或数的比较。

（3）连线式：将图片上画的物体和有关的物体、形状或数字等，用线联系起来进行比较。

非对应比较也可以分为三种形式。

（1）单排比较：将物体摆成一排或一行进行比较。

（2）双排比较：将物体摆成双排进行比较。包括异数等长、异数异长、同数异长。

（3）不同排列形式的比较：将一组物体作不同形式的排列，进行数量比较。

五、启发探索法

（一）含　义

是教师为幼儿创设一个合适的环境，启发引导主动发现和探索，从而获得初步数学知识的一种方法。

（二）要　求

1. 必须为幼儿创设一个合适的环境。

2. 要充分相信幼儿，放手让他们去发现、探索、思考、克服困难。

3. 教师要学会等待、观察，适当地启发。

六、讲解演示法

（一）含　义

是讲解与演示相结合的方法。是教师通过语言和运用直观教具把抽象的数、量、形等知识加以说明和解释，具体地呈现出来的一种教学方法。是一种传统的数学教育方法。以教师为中心，幼儿往往是被动的。运用时要审慎的对待。

（二）要　求

1.必须突出讲解的重点，且语言要简练、准确、形象、通俗。

2.演示的教具要直观、美观、稍大些，但不宜太新奇，以免分散幼儿的注意力。

3.讲解演示可与操作法、发现法结合使用。

七、寻找法

（一）含　义

是让幼儿从周围生活环境和事物中寻找数、量、形及其关系，或在直接感知的基础上按数、形要求寻找相应数量的实物的一种方法。

（二）形　式

1.在自然环境中寻找。

2.在已准备的环境中寻找。

3.运用记忆表象来寻找。

（三）要　求

1.根据具体的教学内容和幼儿的年龄特点适时适宜地选用。

2.可与游戏法相结合。

3.要进行必要的引导和启发。

模块三　幼儿数学教育活动中的教具

数学离不开生活，生活中处处有数学。现代教育观指出：数学教育，应从孩子已有的知识经验出发，让孩子亲身经历参与特定的教学活动，获得一些体验，并且通过自主探索、合作交流，将实际问题抽象成数学模型，并对此进行理解和应用。

幼儿对外界事物的好奇心极强，在学习中他们往往以兴趣为出发点，十分容易为新的刺激所吸引。这就要求给幼儿提供的操作材料必须新颖、鲜艳、丰富多彩，材料的大小，要根据幼儿的年龄特点而定。然而，由于有的教师对操作材料在教学中所起作用的认识不够，加上怕麻烦等原因，教学中老是几套操作材料反复使用，当教师给幼儿发材料时，幼儿就会马上产生出“还是这个”的抱怨。

玩具为幼儿的学习提供了各种感知觉刺激和可操作的、具体形象的“概念框架”，为幼儿动手动脑主动学习创造了有利的条件。正如陈鹤琴先生所指出的那样，“玩具不是仅仅供儿童玩笑的，快乐的，实在含有科学游戏的性质”。

一、材料的运用

在材料的准备方面，应该改变过去由教师包办的做法，放手让幼儿参与，使幼儿成为环境建设的主人。需要准备的材料具有以下三个方面的特点。

1. 品种多

材料不限于一幅图、一堆玩具，与幼儿生活密切相关的各种物品都成为数学环境的材料，如自然类材料：石子、树叶、沙、水、土等；成品类材料：算式卡片、木珠、计算器、七巧板、扑克、算盘、时钟模型、棋类等；辅助类材料：剪刀、纸、彩笔、橡皮泥、操作板、沙盘等；废旧物品类材料：塑料泡沫、布条、线头、废旧盒子、塑料空瓶、包装盒、小木块、小石子、贝壳、火柴棒等。

2. 数量足

提供的各类材料能满足数人同时操作，这样既有利于幼儿对环境产生兴趣，又有利于幼儿之间的交流和合作。

3. 分层次

提供的材料做到难易结合、繁简结合、单一与多功能结合，使每个幼儿都能轻松地、创造性地使用材料，真正达到自我发展的目的。例如，我们创设的“量的守恒”数学环境中，既有探索长度守恒的材料，又有探索量的守恒、面积体积守恒、液体守恒的材料，幼儿可根据自己的能力选择一项或多项去探索、体验。

二、操作学具多样化

在以往的活动中，教师常以教具进行演示，并在此基础上，讲解基本的数学概念。教师是幼儿的主导者，幼儿的学习以听和看为主，他们的操作也大多是为了验证教师传授的知识。瑞士著名心理学家皮亚杰在儿童学习数学的论述中说：“数学首先是，也是最重要的，是作用于事物的动作。”他告诫教师，过早强调图画表象和抽象符号教育将使幼儿的数学学习变成纯粹的记忆，而提供实物操作材料——不只是停留在教师将材料进行短暂的示范，而是让幼儿手脑并用全神贯注地进行操作的材料，对幼儿数学学习，思维发展具有决定性的意义。因此，教师要为幼儿提供丰富多彩的、生动有趣的操作学具，充分激发幼儿操作的愿望和参与活动的兴趣。提供的材料可以是教师自制的，如数学棋谱、大转盘、数卡接龙、拼图等；也可以是师生一起收集的废旧物品和自然物，如小石子、花生壳、开心果壳、瓶子、盒子、回形针、珠子、冰棒棍、各种豆豆等。多样化的学具，激发了幼儿动手操作的欲望。例如，为了巩固对形状的认识，教师设计了“喂食”的游戏，请幼儿把正方形的小卡片喂给正方形娃娃吃，把圆形片片喂给圆形娃娃吃，正是在这一系列生动有趣的操作过程中，幼儿们习得了相关经验。根据幼儿的学习特点，有目的地创造和提供相应的数学活动材料，让幼儿在“玩”中学数学，让幼儿在操作中开始亲近数学，感知数学从而愉悦入门。

三、内容的选择

我们在创设数学环境时，力求以数学内容为主，但也根据实际情况，渗透社会、自然、品德等多方面的教育内容。例如，“自选商场”中，陈列着大小不同、种类多样的商品，幼儿在“购物”时，要用到数学知识，同时，又可受到勤俭节约、不乱花钱、小朋友之间相互协作、谦让等教育。再如，“手帕商店”的手帕全是幼儿自己设计，用几何图形绘制而成的，这不仅使幼儿掌握了几何图形的特点，还发展了幼儿手部小肌肉动作的灵活性，培养了幼儿的审美能力。把丰富多彩的数学环境利用起来，是环境创设的主要目的，我们主要采取了以下几种方法。

1. 情景设置法

例如，创设“自选商场”，供幼儿学习“3 的加减法”时使用，让幼儿扮演顾客，在“商场”里选购三种物品，教师扮演收银员向幼儿提问，让幼儿说出物品的名称以及数量，再根据物品的特点列出加减法算式。

2. 趣味游戏法

例如，幼儿每人在数学角取一张小卡片（实物、圆点、数字），然后各自去找朋友，要求找到的朋友所持卡片上的数量与自己卡片上的数量合起来是 5，朋友找到后互相友好地碰一碰，可以碰碰头、碰碰脚、碰碰手、碰碰屁股、碰碰肩膀等。幼儿在游戏中不仅获得了数学知识，还获得了最大的快乐和满足。

3. 多变操作法

例如，在走廊的数学角里布置数学内容，旁边有供幼儿操作用的长短不一的毛线。幼儿可拿毛线当测量工具去测物体的长短，又可拿毛线任意绕在几个扣子上形成三角形、长方形、圆形、梯形，还可以用毛线任意摆成数字或组成有规律的图案等。

4. 求异创造法

例如，在窗台的数学角，摆放许多颜色、大小、形状、厚薄各不相同的几何图形。教师有意识地启发幼儿摆出多种有规律的几何图接龙。有的幼儿按大小规律去摆，有的幼儿按颜色规律去摆，有的按数量规律去摆。再如，小班走廊的迷宫图，幼儿有的按图形规律走，从入口走到出口到花园去，有的按数序规律走，从入口走到出口到动物园，有的按颜色规律走，从入口走到出口到幼儿园。

数学是一门系统性、逻辑性很强的学科，有着自身的特点和规律，通过直观教具，使幼儿从具体材料和游戏活动中进行抽象，由外部的感知活动内化为内部的思维活动，并用语言促进思维，精心设计的教学环境和投放的玩教具，能使幼儿在其中受到启迪和教育，培养了幼儿对数学的兴趣。

模块四　幼儿园数学教育活动设计与指导

幼儿园数学教育活动的设计，从课程（狭义）层面来分析，包括目标系统的设计，内容系统的设计（与目标层次相应的教育内容的选择和组织），组织途径及活动方式、方法的设计，等等。这里主要谈谈幼儿园数学教育活动的微观设计及其实施指导。

一、幼儿园数学操作活动的设计和指导

幼儿园数学操作活动，是指以幼儿智慧运算结构和数学知识结构相互适应为原则而设计、组织的数学活动。这种活动能让幼儿在操作过程中积极主动地与实物、教具、材料、同伴和教师发生相互作用，从中习得有关数学的感性经验和知识，并在活动中萌发学习数学的兴趣，促进思维的发展。

每一个数学操作活动，一般都由六个要素组成，即目标、材料、规则、形式、指导和评价。因此，教师在设计时，应紧扣这六个要素，设计出一个较为完整的操作活动来。

1. 目　标

是指某一数学操作活动所要实现的预期目的。目标应适宜而具体，并直接指向幼儿能获得的数学知识（经验）和技能，直接指向幼儿的全面发展。

2. 材　料

是指幼儿操作的工具和材料。包括实物、图片、印章、示范性材料、工具性材料和操作作业单等。其具体要求有以下三点。

（1）材料要充分，要充分满足幼儿反复练习的需要。

（2）同一类活动的材料要有实物、图片、符号三个层次，以适应或引导幼儿从动作—形象—符号的逻辑思维的逐步发展。

（3）学习同一概念或认识同一关系的材料要多样化，以帮助幼儿积累数学经验，并有利于幼儿概括和抽象出数学概念的属性，形成有关初步的数学概念。

3. 规　则

主要指幼儿完成活动必需的步骤和要求，让幼儿知道怎样操作材料等。活动规则要注意以下三点。

（1）规则要体现数学概念的属性及关系、运算的性质和规律。

（2）规则要让幼儿领会和掌握。根据幼儿认知能力，可以通过不同方式让幼儿领会规则，把规则寓于材料和操作之中。例如，用范例板表示规则，让幼儿照做，也可用语言表述规则等。

（3）通过改变活动规则充分利用材料，使材料一物多用。

4. 形　式

是指幼儿操作的方式。可分为个别操作、合作操作和班级操作。前两种操作形式较多采用。

5. 指　导

主要指教师怎样把活动的材料和规则介绍给幼儿，说明教师在幼儿活动过程中指导的要点及改变材料和规则后的活动要求。

6. 评　价

活动评价的目的是确定教育效果。教师应把评价项目看作是观察幼儿行为的依据和帮助幼儿学习的活动。评价内容可以是幼儿的直接行为表现，也可以是活动的结果。评价时要尊重幼儿的个别差异。

二、幼儿园数学集体教学活动的设计和指导

幼儿园数学集体教学活动，是指在教师的组织指导下，采用集体教学活动和小组操作活动相结合的方式，实施的一系列较为系统的数学教育活动。设计幼儿园数学集体教学活动，就是指设计一个在一定时间内对全体幼儿施加数学教育影响的具体方案。在具体设计时应注意考虑以下步骤和要求。

1. 根据单元目标及相应的教育内容，结合本班幼儿的具体情况（原有经验、能力和水平）确定活动内容（课题）。

2. 根据单元目标结合活动内容的具体特点（发展价值），制定出适宜的活动目标（通常从认知、情感态度和动作技能三方面考虑）。

3. 根据活动要求，准备相应的环境和材料（演示性材料、操作性材料或小组活动时操作活动的具体材料等）。

4. 设计活动过程。重点是活动程序、活动的组织形式、活动的方法等。

需要补充说明的是，当今幼儿园数学集体教学活动通常将“集体教学活动”和“小组操作活动”统整在一个活动过程之中。在小组操作活动中，至少有一组是与集体教学活动的内容相一致的（往往是教师指导的重点），而其他小组操作活动主要是让幼儿在操作活动中复习、巩固已经学过的有关数学的知识和技能。其操作顺序、要求、方法等对幼儿来说是比较熟悉的。

将上述步骤和要求整合在一个计划中，便形成了一个具体的教学活动方案。当然，在具体设计时，远比上述过程来得复杂。比如，在活动过程中还涉及许多微观设计，诸如如何激发和维持幼儿在活动中的兴趣，如何组织语言和提问，如何灵活运用各种数学活动的方法，等等问题。有时候在活动设计时，还要考虑延伸活动的设计。

数学教学活动设计一般包括：活动名称、活动目标、活动准备、活动过程这几部分，有时

还包括活动建议和活动延伸等部分。

1. 活动名称

指数学活动的名称。例如,《给数找朋友》(理解和掌握相邻数的关系)、《送片片回家》(学习将相同颜色的图形片放在一起)。在现有的活动设计中,活动名称一般有两种取法:

一种是按数学活动的要求,用数学术语定名称,如《学习7的加减》《认识序数》等。

另一种是按活动内容或选用的材料,用生活的语言定名称,如《给数字口袋送礼物》(其目标是让幼儿学习按数字匹配实物,能不受物体排列形式的影响,正确感知7以内的数量)、《盖印章》(其目标是让幼儿体验5以内相邻两数的关系,知道数字1～5表示的实际意义)。

用第一种形式定名称,使人们从名称上即可以了解活动的内容或要求,但这种名称不够儿童化,缺乏生活气息。中、大班有时活动内容常无法采用生活的语言来表达,只能选用这种形式来定活动名称。

用第二种形式定名称,使人们不仅感到这样的名称贴近幼儿的生活,富有生活气息,也感到更有趣味,因而它更符合幼儿教育的特点。

2. 活动目标

指数学活动所要达到的具体教育效果。活动目标应包括学习内容的要求及幼儿行为的养成要求。

(1)活动目标中关于学习内容

①知识概念的学习。

②认知能力的学习。

③操作技能的学习。

④兴趣、态度和行为习惯的学习。

⑤行为的养成应与学习和运用某种内容想联系。

例1

《复习5的组成》

活动目标:

复习5的组成,使幼儿知道5分成两份只有4种不同分法。

启发幼儿初步感知数的分合的有序性(如将5分成1、4,2、3,3、2,4、1)。

引导幼儿积极地参与评议活动,大胆讲述自己的意见。

例2

《复习10以内加减》

活动目标:

复习10以内加减试题,能准确地进行运算。

巩固良好的操作活动常规:物品归还原处及保持活动时正确的坐姿。

从上述所举的2个数学活动的目标来看，目标中都列出数学知识的学习和认知能力的培养。有关兴趣、态度和习惯的学习在例1、例2中均有指出，如积极参与评议活动，大胆发言，有良好的操作习惯等。但多数情况下，活动目标中常不列出这类内容的学习目标，这主要是幼儿这方面的学习效果不是一两次活动就能观察得到的，它有一个较长时间的学习和养成过程。

此外在一次教学活动中，活动内容可能对幼儿的发展有多方面的影响，但所提出的目标往往只是选择其主要的方面，不可能、也不必要将所有的方面都一一列出，而教师在实际教学过程中则应重视幼儿整体的发展，应充分发挥数学活动对幼儿发展的影响。

(2)教学活动目标的表述

在数学教学活动中，常见的目标表述方式有两种：教师作为行为主体，用教师所做的事来表述；幼儿作为行为主体，用幼儿的行为变化来表述。

在前面所举的例1、例2两个活动中运用以下词语进行表述，“使幼儿……”“启发幼儿……”“引导幼儿……”，这些都是教师作为行为的主体，用教师所做的事来表述目标。如使用的是“会……”“体验……”等词语，可看出其行为主体是幼儿，是用幼儿的行为变化来表述目标。

在多数的情况下，活动目标的表述中都未列出主体的名称，但人们可从目标所使用的行为动词中看出，该行为是谁(教师还是幼儿)发出的，故行为主体的名称常被省略。

在实际教育工作中，有时教师在活动目标的表述上采用的行为主体常不统一，即有的条目用教师所做的事来表述，而有的条目又用幼儿的行为变化来表述。在同一活动中，表述的方式不统一是不恰当的。一般地说，活动目标的表述，以幼儿作为行为主体，表述其行为变化较为合适。因为这种表述可使教师从幼儿行为变化中观察到他们的发展状况，但这只对易显露的知识概念的学习，能有较清晰的观察。

3. 活动准备

数学教学活动的准备一般包括以下三个方面。

(1)学习经验的选择，也就是为了达到提出的活动目标，教师应为幼儿选择哪些学习经验。教师在选择学习经验时应考虑：

①所选的经验是否是数学学科的知识内容？

②所选的经验是否是幼儿能理解，并能得到满足的？

③所选的经验是否能对幼儿发生多种作用，即能给予幼儿整体发展以影响的一种经验？

④所选的经验是否是达到同一目标的各种不同的经验？即可以在不同发展层次上获得的经验。

不同的幼儿参加同一个数学学习活动，他们获得的经验往往是不尽相同的，这主要是因为幼儿在发展上，存在着很大的个体差异。因此，教师在为幼儿选择学习经验时，应考虑到幼儿发展的个体差异。在平时教师要深入观察、了解幼儿的学习过程，这样才能为每个幼儿的学习和发展，提供必要的条件和环境。

(2)幼儿的经验准备，即幼儿对将要进行的学习活动必须先期掌握哪些知识技能，具备哪些能力。教师可采用任务分析的方法，来了解、分析幼儿经验准备情况。

所谓任务分析，即要分析这样两方面的情况：

首先，分析进行这一学习活动，幼儿思考、解决问题的步骤和环节有多少。思考、解决问题的步骤、环节越多，则难度越大，对幼儿学习的要求也越高。

其次，分析幼儿在进行这一学习活动时，已具有哪些知识技能，具有哪些能力，他还缺少什么。教师应为幼儿创设什么条件，帮助幼儿解决问题，完成任务，获得学习经验。

例如，《数物拼板》操作活动。

这项活动要求幼儿将1～10的数字与1～10的实物卡片配对，再按数序将10张卡片排列好。数字与实物为一张卡片，卡片的上部画有实物，下半部写着数字，再从中剪开，将卡片分成两部分。

幼儿要完成这一活动，需要以下的经验。

①能正确感知10以内实物的数量，能说出总数；

②认识1～10数字，知道每一数字可以表示相应数量的物体；

③会按从少到多的顺序排列1～10的实物卡片，会从小到大排列1～10的数字。

幼儿在进行这一活动时，可观察到以下的情况。

幼儿能将数字与相应数量的实物卡片配对。

在按序排列实物卡与数卡时，则表现出两种不同的情况：

①有的幼儿在找到相配对的实物卡与数字后，就将其放在前面，而不考虑这张卡片是几，它应排在第几的位置上，当他拿到比这张卡片数量少的卡片时，他就要移动已排好的卡片。在整个排列顺序的过程中，他几乎每张都要调整位置，尝试着解决问题。此时，有个别幼儿因感到难度大，失去了继续学习的兴趣，而去玩其他适合其发展水平的活动。

②另一部分幼儿当他们将数字与实物卡配对后，会将这张卡片放在它应放的位置，如拿了一张5的卡片，会将它放在中间，由于能采取空位的策略，这样当拿到比5小的数的卡片时，就会放在5的前面，而如果是比5大的数的卡片，就会将它放在5的后面，这样很快就可将卡片按序排列好。

这两种情况反映了幼儿的不同发展水平。前一种发展水平的幼儿，他尚不能协调好两种动作，即在将数字与实物卡配对时，能同时考虑到这个数在数的序列中所占的位置，由于数的序列在其脑中还未有十分清晰的表象，因此按数序排列卡片就有困难。后一种发展水平的幼儿则能同时考虑两个问题：既将数字与实物卡配对，同时又很清楚这个数在数的序列中的位置。对于前一种发展水平的幼儿他还需要学习数的排列顺序的经验。

三、数学活动区(角)的设计和指导

数学活动区(角)是幼儿园数学活动环境的重要组成部分。其设置的方法是在幼儿园幼儿活动的场所内，专辟一个小区域，放置各种可以进行数学活动的玩具、材料等物品。

数学角可为幼儿经常自由、独立(或合作)地从事数学学习活动提供环境和物质保证。同时，它也是教师对小组或个别幼儿进行数学教育的良好场所。其设计时应注意以下几点。

1. 根据本园本班条件，因地制宜地设计安排数学活动区(角)，宜设置在较安静的区域。

2. 放置的玩具和材料应配合教学进度，适合幼儿认知和操作。

3. 向幼儿明确交待材料操作的方法和要求(包括传授操作技能等)。

4. 适时适宜地对幼儿在数学活动区的活动加以指导。

5. 允许幼儿在活动中相互交流和讨论，并积极表达操作的过程和发现。

6. 操作材料应具有层次性，以适合不同发展水平的幼儿操作。

模块五　提升幼儿园数学教学活动有效性的途径

幼儿园数学教学是指教师有计划、有组织地指导幼儿学习数学的一种活动。教师借助专业性的教学策略和智慧在课堂上创设一定的“生活情境”，将数学问题巧妙地“设计”到“生活情境”中，以此来组织数学教学活动。这种“生活化”的数学教学活动一方面为幼儿提供了充满“数理逻辑”的“生活情境”(包括生活事件、生活材料及其相互关系等)，让幼儿以“数学的思维和方法”解决一些生活中的实际问题，防止数学内涵的流失；另一方面又强调让幼儿在“解决生活事件的冲突与矛盾中”感受数学学习的情趣，以满足幼儿的好奇心，同时帮助幼儿积累探究经验，避免数学学习的机械化。

一、正确把握数学活动目标

一直以来，许多幼儿园教师把教学目标看成是可有可无的部分。面对新的教学内容，一些教师习惯于提笔就写教学过程，不仔细思考本次活动的目标是什么。不重视对教材内容、教学对象、教学手段的分析，失去了正确把握教学目标的机会。

我以为，在设计数学活动时，教师应采取以下几种策略来把握教学目标。

(1)要反复研读教学内容，分析该教学内容涵盖了哪些人文、自然、科技方面的知识和关系属性。

(2)教师要衡量幼儿的年龄与认知经验，确定科学的教学目标。由于年龄不同，认知经验不同，不同个体对同一教学内容会产生不同的经验与感悟。教师要根据自己的教学经验，合理判断什么样的教学内容适合什么年龄的幼儿学习，确定科学的教学目标。

(3)教师要考虑创设相应的教学情境，提供相应的操作材料，运用相应的教学方式，促进幼儿的数学学习。

以上三方面内容是教师对数学教学活动中认知对象(内容)、认知主体(幼儿)、认知策略三要素的整合性思考。有了这样的思考，教师才能确切地表述幼儿学什么、怎样学的目标问题，设定的教学目标才不会偏离“生活化”数学教学活动的核心价值。

二、恰当组织数学探究活动

“教学就是要通过情境在学生的头脑中引起认知的兴奋，产生认知的冲突，形成思维的爆炸，进而引发学生的认知活动，建构新的认知结构。”“生活化”数学教学活动的一个最大特点是模拟生活中的游戏情境和操作材料，引导幼儿探究、解决实际生活中的数学问题。一些教师认为：只要创设了游戏化的教学情境，幼儿就会在趣味情境中开展有效学习；只要给予幼儿操作材料的机会，幼儿就能主动探究问题。而在实际的数学教学活动中，教师设计的有些教学情境单纯追求游戏的娱乐价值而淡化了数学探究活动的核心价值；有些操作材料看似引起了幼儿的兴趣，却不能“与幼儿有效对话”，幼儿在热闹地摆弄操作材料时既没有思考也没有发现。如何恰当组织数学探究活动，这是教师迫切需要思考的问题。

苏霍姆林斯基曾经说过：“应该使儿童的时间充满使他们入迷的事，而这些事又能发展他们的思维，丰富他们的知识和技能，同时又不至于破坏童年的情趣。”在幼儿感兴趣的学习情境中，幼儿在学习时不仅外在的言行与所学的内容高度相关，其主观的态度也是投入的，积极主动的。“生命的课堂，不一定看到小手如林的热闹，却有身心全部投入的愉悦，有生命蓬勃的成长；也不是教师讲几分钟学生练几分钟的技术操作，而是教师与学生的对话，学生与情境的对话，情境与生活的对话。”

三、有效开展数学教学评价

对幼儿园课堂文化的关注，促使教师对教学评价语言进行多元化革新，但是目前幼儿园数学教学评价中仍然存在两大缺陷：一是评价的文化含量不高，缺乏人文内涵；二是评价的技术含量不高，缺乏专业底蕴。

“嗯，不错。”“好，真快。”“大家一起拍手表扬他。”在幼儿园课堂中，这类应答式评价语言或者摸摸幼儿脑袋、拍拍幼儿肩膀等辅助性肢体评价方式司空见惯。广泛而频繁地使用同一类评价语言，反映出教师文化底蕴相对欠缺，教师的评价语言相对贫乏。有的教师觉得，数学教学评价应当精练扼要。我以为，评价时注意语言的内涵与追求数学教学的有效性并不矛盾，更何况幼儿的语言是在不断模仿他人与运用语言的过程中发展起来的，我们不能寄希望于仅仅通过单一的语言活动就能达到促进幼儿语言发展的目的。人文化的数学活动评价倡导教师用教育智慧判断幼儿的“即时”言行，分析幼儿的回答代表着怎样的经验，幼儿为什么会有如此想法，怎样回应才能让幼儿豁然开朗，以此作为有效推进教学的依据，从而使教学评价更加动态化、人文化，而不是用机械的应答来反馈幼儿。

很多教师在回应幼儿时语言苍白，缺少内涵，这反映了教师专业技术能力的不足。《纲要》指出："要关注幼儿在活动中的表现和反应……及时以适当的方式应答，形成合作探究式的师生互动。"教师应该即时关注和评价幼儿在操作活动中伴随着怎样的思考，在回答问题时基于何种经验，在作业记录单上呈现哪些不同的理解方式等，即在幼儿与多种教学要素的互动中，分析、判断幼儿的思维方式与解决问题策略，并且及时为幼儿提供适当的支持和帮助，让每一个幼儿在"最近发展区"内获得有效发展，不断引发幼儿新的学习生长点。

【单元小结】

本单元介绍了专门的数学教育活动和渗透性的数学教育活动的概念，介绍了幼儿园数学教育活动的几种方法。

1. 专门的数学教育活动是指教师按计划安排专门时间，提供数学活动环境并组织全体幼儿参加的数学教育活动。

2. 渗透性的数学教育活动是指除专门的数学教育活动以外的，渗透于其他教育活动和幼儿一日生活中的数学教育活动。其内容和形式是十分丰富、灵活的。

3. 幼儿数学教育活动的方法

(1)操作法；

(2)讨论法；

(3)游戏法；

(4)比较法；

(5)启发探索法；

(6)讲解演示法；

(7)寻找法。

【思考题】

1. 什么是专门的数学教育活动?

2. 什么是渗透性的数学教育活动?

3. 幼儿园数学教育活动有几种方法?

第四单元　幼儿对集合概念认知的活动指导

【学习目标】

1. 了解幼儿感知集合的发展特点；
2. 理解幼儿感知结合的意义；
3. 掌握幼儿感知集合教育的要求；
4. 掌握幼儿分类、排序、区别“1”和“许多”的活动设计。

模块一　幼儿感知集合的发展特点

幼儿感知集合是幼儿数概念发生、发展的基础，幼儿感知集合的发展体现出以下特点。

一、对集合的笼统感知

2～3 岁幼儿产生了对集合的笼统感知，但这种感知是泛化的。此时幼儿还看不到集合的范围和界限，不能一个接一个地感知集合中的元素，也不能精确地意识到元素的数量。如果让幼儿用重叠法感知一个集合中的元素，他们往往会将物体摆出集合的范围。

二、感知集合的界限

3～4 岁幼儿能感知到集合的界限，对集合中元素的知觉也从泛化向精确过渡。这一阶段的幼儿对集合中元素的认识不能超出集合的界限，他们一般把注意力集中在集合两端的元素上，同时所摆的元素逐步达到准确的一一对应。另外，此阶段幼儿已经开始具有简单的分类能力。幼儿能感知集合的界限及元素，也就能辨认物体（元素）并将它们归类（形成集合）。3 岁以后，幼儿能进行简单分类，即按物体外部特征分类（形成集合），如按物体大小、形状分类等。

三、准确感知集合及其中的元素

4～5 岁幼儿已经能够准确地感知到集合及其集合中的元素，并能够初步理解集合和子集的包含关系。此时幼儿已经提高了按物体的某一特征分类的能力，他们可以按物体的简单用途和数量分类。另外，在直观条件下，幼儿能够对集合（类）和子集（子类）作出比较，能初步理解它们之间的包含关系。

四、对集合理解的扩展

5～6 岁幼儿对集合的理解进一步提高和扩展。他们能够按照两种特征将集合分成子集，如可以把颜色和形状不同的一组几何图片分别从形状和颜色两个角度分类。另外，他们还能够比较好地理解集合和子集的包含关系。

模块二　幼儿感知集合的意义

一、什么是幼儿感知集合教育

指在不教给幼儿集合术语的前提下，让幼儿感知集合及其元素，学会运用对应的方法比较集合中元素的数量，并将有关集合、子集及其关系的一些思想渗透到整个幼儿数学教育的内容和方法中去。

幼儿很早就开始接触"集合"了，但他们只是根据物体明显的外部特征来判断同类物体，如去超市，拉着妈妈直奔零食区，知道那里有各种各样的零食。这些都是最初的集合经验，并不具备有关集合的概念。

二、集合的有关知识

（一）集　合

集合是具有某种特定性质的事物的总体。这里的"事物"可以是人，物品，也可以是数学元素。

集合是现代数学的一个最基本的概念。在日常生活中，幼儿接触到的许多问题都是集合问题。例如，班里的全体小朋友、桶里的积木、箱子里的布娃娃等可以看成一个集合。

集合中的"特定性质"可以是物体的某一特征，如颜色、形状、大小；也可以是物体的名称，如玩具、碗、勺子、苹果等。

集合的表示法有列举法、描述法、文氏图表示法等。文氏图表示法就是用一条封闭的曲线把集合的元素圈起来表示集合的方法。文氏图表示法的特点是：能直观、形象地表示出集合中的各元素属于一个整体，同时它也明确地表示出集合的界限和集合元素的多少。用文氏图表示法表示集合，可以比较容易地让幼儿感知和理解集合。因此，在幼儿的数学教育中，文氏图表示法被广泛应用于直观教具和学具中。

（二）分　类

分类就是把一组物体分成各有其共同属性的几组。分类既是计数的必要前提还是形成数概念的基础。幼儿分类可按按物体的颜色、大小、形状、用途、数量等不同的特征进行区分。可先按一个特征分，再逐步按两个或两个以上的特征分。

（三）排　序

排序指的是将两个以上物体，按某种特征的差异获一定的规律排列。幼儿排序活动可分为三个层次：按任意规则排成一队、按某种量的差异排序、按某种模式排列。例如，按照从矮到高（或从高到矮）的顺序将大一班幼儿排成一队；又如，按“男女男女”模式排列等。

排序是促进幼儿判断和推理能力发展的一项重要活动。排序是贯穿在幼儿数与书序概念的认识与比较、量与量的差异的认识与区分等教学活动中的一项重要的操作活动。

三、含有集合问题的生活情境及幼儿的集合经验

爸爸说：成成（李成的小名）在一岁两个月的时候，一想到要找“好吃的东西”，就会扶着墙摸到冰箱那里去，拍打着冰箱的门喊：“成成（要）吃”。虽然他还叫不出那个拉开门就有冷气出来的“大家伙”叫什么名字，但以往的经验告诉他：那里面有妈妈放的牛奶、果冻、冰淇淋、八宝粥、巧克力……总之他认为好吃的东西都存放在那里面，果然妈妈每次都是从冰箱里拿出了他想要吃的东西。

以“好吃的东西”为元素可以组成一个集合，冰箱里有“好吃的东西”则是李成最初形成的一个集合经验，这个经验是伴随着李成对一个集合问题——“好吃的东西”收在哪里的观察、发现而获得的。

李成到3岁的时候，特别爱玩的东西有两类，一是长长短短的枪，二是形形色色的汽车。李成每次打完枪战或举行过赛车都把玩具扔得到处都是。于是妈妈生气了，她要求李成玩过后必须把玩具收拾好。但是李成不会收拾，此时他又产生了一个集合的问题：怎么收玩具呢？还好，妈妈想到了他的困惑，于是把原先装枪和汽车的两个塑料筐递给李成，并指着筐子上分别贴的枪和汽车的图标告诉他：这个长筐是枪的“家”，那个方筐是汽车的“家”。李成明白了，很快就学会了把枪和汽车分别求同的技能。

李成在学习收玩具的过程中，不仅解决了玩具怎么收的问题，还形成了有关“成成的枪”和“成成的汽车”两个集合的经验。虽然李成的枪和汽车有各种各样的，但他还是看出了各种枪、各种汽车之间足够的相同之处：枪发出的都是“叭、叭、叭”的声音，而汽车发出的是“嘀嘀——”的声音，李成正是以发出的声音不同来区分他的枪和汽车的。

李成又长大了一些，他的活动范围扩大了许多，他要想清洁自己的时候，会主动寻到卫生间去，他知道那里有他自己专用的小毛巾、小牙刷、小脸盆、儿童浴液香皂等。他还会到抽

屉里找出他的手帕、口罩、袜子，在衣橱里找出属于他的大衣、毛裤、罩衫等。他会一一指着这些东西告诉别人说："这是成成的"。显然他知道抽屉和衣橱分别存放着不同的生活用品，并认识这些物体中哪些是属于他的，他把属于他用的东西标示为"成成的"。

在儿童生活的社会和物质的现实环境中，所有的事物都以一定的"群""网""拓扑"的方式存在于世界。例如，所有客观存在的物体都有与它本身属性相同或相似的种群，他们相互间又以一定的代际关系组成序列和网的结构，处于结构中的物体之间所呈现的关系正是一种拓扑关系——临近、次序、分离、包围。儿童早在入园生活之前，就不可避免地与各种各样的"集合"打交道了，如儿童会接触到家庭中的各种集合——衣橱里有服装的集合，碗橱里有餐具的集合，书橱里则有书籍的集合……儿童还会在家庭以外的地方接触到集合：医院里有"穿白大褂要给宝宝打针的人"、商店里有好多宝宝喜欢的好吃的、好玩的、好看的东西，它们都按一定的"类"有序地摆放着，找着卖"喜之郎"果冻的地方，就会看到还有许多各种各样的果冻，各种果冻又与各种糖果组成更大的散装食品类集中放在一处。其他的东西也是一样。这些来自生活的最初的集合经验，可以帮助他们适应家庭的生活以及一部分社会的生活。但是他们此时还远不能揭示出各类集合所具有的共同属性，他们只是根据物体外部明显一致的特征来判断同类物体，因此他们此时还并不具备有关集合的概念。

四、幼儿对集合认知的意义

集合是现代数学的一个最基本的概念，整个数学都可建立在它的基础之上。从小让幼儿接触集合思想，可使他们初步形成和积累有关集合的经验，从而为以后学习现代数学提供有利条件。这已是从上个世纪六七十年代国际上兴起的"中小学数学现代化"运动后改革倡导者们的一致思想。因此不少国家从小学一年级起就结合认数和计算运用文氏图直观地引入了集合的初步概念。幼儿学习集合的意义不仅在于集合在数学中的重要地位和作用——是幼儿理解数学的准备和起点，对幼儿数学概念的形成起着基础概念的作用，还在于幼儿对它的学习，可以通过动作对实物进行操作和运算，这一点尤其符合幼儿掌握数概念的发展规律和特点。因此，有关集合概念的教育活动不仅应作为幼儿数前教育的重要内容之一，还应把它贯穿在整个幼儿期数学教育的全过程，为幼儿初步形成数学的概念和逻辑的概念积累感性经验。

（一）学习集合是儿童学会计数、理解数的实际含义的基础

幼儿学习数学的早期阶段比以后的阶段困难得多，就拿数数这一成人看起来很简单的事情，对于幼儿来说却是一个极其复杂的过程。

杨扬穿了一串珠子，有圆形的和椭圆形的。老师指着一个椭圆形的珠子问他穿了几个这样的珠子，于是他把串珠平放在桌上嘴里数道："1、2、3"可是他的手已悬在珠子上象征性

地点了 6 下了，而且点得不全是椭圆形珠子。当老师再问他穿了几个椭圆形那样的珠子时，他的回答却是："有许多许多"，其实老师看到的椭圆形珠子只有四颗。

出现在杨扬身上的计数困难是我们在初入园的幼儿中经常看到的。固然，幼儿没有掌握计数的技能是一个显性原因，其实根子则是由于他们没有集合的"类与类包含"观念所至。因为杨扬要准确数出一串穿珠中的四颗椭圆形珠子时，首先需在头脑中把要数的椭圆形珠子从其他形状的珠子中分离出来归为一个子集，再通过计数得出元素有四个。正是这样一个运算过程对杨扬这样必须借助于动作来思考问题的孩子来说是困难的。要想解决这一问题，就要让幼儿从感知集合的学习开始，通过实际进行的"求同""分类"操作来体验集合的类与类包含关系，以集合的学习作为计数的一个基础，而不是将这个过程倒过来，由此才能帮助幼儿从集合的类与类包含关系上来理解计数的目的和意义。这也就是说感知集合是幼儿学会计数、理解数的实际意义的一个基础。

(二)学习集合有助于促进幼儿发现事物的共同属性，抽象概括出数的概念

数学区有一筐各种颜色、各种形状的几何图形片，老师请小朋友把一样的放在一起。苏婷拿起一只小碗，把筐里的红片片拾进碗里(她最喜欢的就是红颜色)。她的旁边是何奇奇也在拾片片，苏婷往何奇奇的碗里一看，发现何奇奇的碗里有红圆片、黄圆片还有其他颜色的圆片片顿时大叫起来："你找的是什么乱七八糟的东西呀！"这时何奇奇也发现了苏婷的碗里有圆形有方形还有三角形，于是也大声嚷道："看你才是找得乱七八糟的呢！"小朋友们都围了过来，有的站在苏婷一边，有的站在何奇奇一边，双方争执不休，只有李成看了看他们的两碗片片说："别吵了，你们两个找得都对！"经李成这么一提醒，苏婷与何奇奇还有好些小朋友们忽然明白了过来，于是大家笑着纷纷散去。

上面是小一班的一个感知集合的学习活动。苏婷与何奇奇分别发现了几何图形片的颜色属性和形状属性，因此他们两人分别做出了不同的集合。(想一想这一活动还能引导幼儿发现几何图形片哪一方面的属性，还能再做出什么样的集合?)在这次活动中，苏婷与何奇奇做出的集合是他们在动作表征的水平上，通过对几何图形片红颜色的共同属性或圆形的共同属性的概括和抽象得来的。由此我们知道：集合的概念是建立在类的概括和抽象的基础上的，幼儿感知集合的过程，就是他们发现事物所具有的共同属性的过程，而当他们一旦能从具有相同数量的实物卡中看出实物卡所具有的等数性时，也就是到了能对集合做进一步抽象的阶段——抽象出数的阶段。因此，学习集合有助于促进幼儿发现事物的共同属性，抽象概括出数的概念。

(三)学习集合有助于幼儿从包含关系上来理解数的组成和加减运算

学习集合还是幼儿进行数的组成和加减运算的逻辑基础。数的组成其实质就是集与子集之间的等量关系以及子集之间的互补和互换的辩证统一关系。两个相等或不相等的子集

又以互补和互换的相互关系统一在一个集合之中。再看加减运算，加法是使部分与整体相联系的运算，减法是加法的逆运算，即整体与部分的关系运算。如果幼儿没有集合的类包含逻辑观念，结果会是怎样的呢？

老师讲了一个有趣的故事，最后问大家："大猴子先吃了两个桃子又吃了两个桃子，小猴子先吃了三个桃子又吃了一个桃子，它们谁吃得多？"李成、苏婷和杨扬不假思索就回答说："当然是小猴子吃得多。"何奇奇没有说话，他总感觉到有什么问题，但又想不清楚。

为什么李成、苏婷和杨扬作出了错误的判断，而何奇奇感到困惑却又想不清楚呢？原因就在于他们还不具备类包含的逻辑观念。他们因此就不能把握好整体与部分的关系，即不能同时既考虑整体又考虑部分，光看一个部分时，他们就不保持整体，因此不能将整体与它的部分同时加以比较，表现在李成他们身上的就是得不出大猴子一共吃了多少，小猴子一共吃了多少。而在比较两个部分时，李成他们只觉察到小猴子吃的桃子数中有一个大数目，所以认为小猴子吃得多。而何奇奇显然已意识到大猴子吃的桃子数中也有一个部分比小猴子多，但由于没有建立类包含的观念，他虽然不附和李成他们的意见但却也理不清头绪。

由此可见，学习集合是幼儿从包含关系上来理解数的组成和进行数的加减运算的基础。

模块三　幼儿感知集合教育的要求

我们强调让幼儿及早接触集合的教育，其目的是为幼儿学习数学奠定良好的心理基础，为他们理解和掌握数概念做好准备。因此，不要求幼儿掌握有关集合的名词或术语。引导幼儿学习集合的要求主要在以下方面。

体验事物的共同属性，学会求同和分类的技能，初步形成集合的概念并能对两个集合元素进行比较，体验集与集的关系。

体验事物的共同属性：这是学习集合最基本的要求。在幼儿的话语系统中，"共同属性"的等义词叫"一样"，其中包含了两种含义：一是指大小和形状都一样；另一种是指事物的某一属性或特征相同。幼儿处于具体形象思维阶段，对事物往往缺乏本质上的理解，对表面现象上的"一样"很容易产生"黏结"。

学会求同与分类的技能：包括两个方面，一是通过外部动作达到的运算技能，二是通过心理旋转达到的运算技能。

初步形成集合概念：指幼儿能在经验的层面上对事物进行的一种概括和归纳。

对集合进行比较和体验集与子集的关系：包含了对"1"和"许多"的理解，集合间元素多、少、一样多的判断，集合的多种属性及集与子集相等和包含关系的体验等。

一、小班幼儿集合概念教育的要求

1. 知道自己和与自己相关物体的归属，体验物体的共同属性。

2. 体验“1”和“许多”及其关系。

3. 能按物体的一个特征做集合或集合的子集。

4. 能用一一对应的方法做等量集合。

5. 会比较两个集合元素的多、少和一样多。

二、中班幼儿集合概念教育的要求

1. 能按类的观念做等价集合。

2. 能概括物体（或图形）的两个特征并能按两个特征做集合。

3. 能按物体两个以上特征或特性做集合和排列。

三、大班幼儿集合概念教育的要求

1. 对集合做层级分类，体验集与子集的包含关系。

2. 能将物体集合进行多重分类。

模块四　幼儿感知集合教育的活动指导

一、幼儿分类的活动

在进行分类教学时，教师要特别注意材料的选择与使用。选择材料时，不仅要注意选择共同属性明显的材料，而且要注意材料与幼儿认知程度的匹配性。因此选择材料时应尽量选用实物材料、图形材料和图片材料，且材料的数量应多于4个，因为太少了不利于幼儿对共同属性的发现。

分类就是把一组物体分成各有其共同属性的几组，分类是计数的前提和形成数概念的基础。

例如，老师给杨扬一套卡片，让他把一样的放在一起，杨扬一张一张看着：苹果、汽车、树、气球、喇叭……竟然没有一张重复的！他正要放弃离开，老师又递给他两张点卡，一张上面有两个点，一张上面有三个点。老师问他：“哪几张实物卡可以用两个点表示，哪几张实物卡可以用三个点表示？杨扬重新拿起卡片，这次他看出来了，汽车、喇叭、树……都是三个，苹果、气球、杯子……都是两个，于是按照数量相同分成了两类，还把两张点卡分别放在相应数量的实物卡上。

从杨扬分卡片的例子让我们看到：起初杨扬只知道从外形上去找“一样”，在老师的点拨下，他才开始注意到物体数量的特征，于是向数的概念的方向迈出了关键性的一步。

通过分类活动可以完成的教育要求有：

按物体的某一方面的特征做若干集合或某集合的若干子集。例如，将运动器具分成皮球、套圈、绳子、沙包等各个集合。或把一套水果卡片分成苹果、香蕉、橘子、菠萝各个子集。

按两个(或两个以上)特征做集合和排列。例如，将红的大球和红的小球分成两个集合，把蓝的大球和蓝的小球也分成两个集合。

对集合做层级分类和多重分类。例如，有一堆不同颜色、不同形状、不同大小、不同质地的纽扣，做层级分类时，可先按是红颜色的和不是红颜色的分成两类，再将已分的两类分别按是圆形扣和不是圆形扣分成两类，如此连续地进行分下去。如果是做多重分类，则可先按颜色不同分成若干子集，然后重新换一个分类标准(如按形状)分成若干子集，如此确定不同的分类标准，进行分类。

(一)分类教学一般的方法与手段

1. 操作——幼儿分类学习的最主要、最有效方法之一

教学中应给幼儿提供足够的材料去操作不同形式的分类，对于小年龄幼儿应尽可能提供人手一份的操作材料，并提倡幼儿自身参与的体验和操作活动为先，教师的归纳和提升为后的原则。操作的方法可通过集体活动，也可以是个别的，非正式的，小组的，区角活动等。

2. 游　戏

在游戏中，通过活动、角色扮演和问题解决等过程可帮助幼儿体验和学习分类。

(二)分类操作活动的设计与教学组织

1. 按外部特征分类

即先给物体、图片、图形等集合分类，再用标记表示分出的各个子集。物体外部特征包括物体的形状、颜色、大小等属性。在设计该类活动的时候，可以将“按标记求同”的活动进行延伸，通过改变活动规则来实现“分类”活动的设计。也可以借用生活中需要运用分类技能的问题情境来设计一些有生活意义的分类活动。教师在指导幼儿根据物体的外部特征分类时，应根据不同的年龄班提出不同的教学要求。

例如，老师提供了若干塑料小实物(包括几何图形片)。它们分别具有不同的颜色、形状、大小。老师先让幼儿把一样的放在一起，给这些物体进行分类，然后用相应的标记(形状标记、颜色标记或大小标记)来表示分类的结果。

老师还提供了一些图片，大多为单个物体的实物卡，每种实物卡各有 4～5 张，她让幼儿把实物卡中一样的实物放在一起。

两个活动虽然材料层次不同，但规则是一样的，老师让幼儿自选参加。幼儿在前一阶段

经过求同练习后，现在做这样的分类并不感到困难，因此老师只在给每个孩子的材料种类和每种材料的数量上做了不同的规定。例如，成成要分 4 种材料，每种 6 个，小明分 3 种，每种 5 个，婷婷要分 4 种，每种 5 个。

例如，这些蝴蝶有什么不同(可以按大小分类，也可以按颜色分类)(如图 4-1 所示)。

图 4-1　不同的蝴蝶

2. 按内部属性分类

即按物体的性质或用途等作为分类的标记。教师在设计“按内部属性分类”活动时，要考虑结合幼儿的生活经验来选择材料。小班幼儿最熟悉的物体，是与吃、穿、玩联系在一起的，因此教师可提供有关食品、服装、玩具的实物和图片来进行。进入中班后，教师可设计一些有关植物、动物、交通工具等二级类概念的分类活动。在组织这类活动时，注意不要把“植物”“动物”“交通工具”等词汇硬教给幼儿。

3. 按数量关系和逻辑关系分类

按数量关系分类：将具有相同数量的卡片归并在一起。这是抽象出数，形成数概念不可缺少的重要步骤，儿童的计数能力、目测数群的能力也能在”按数量分类“活动中得到发展。设计这类活动的要领是在材料中体现物体“数”的属性。教师要控制材料在颜色、形状、大小等属性上的一致性，将幼儿的注意引向外部特征以外的数量关系上，实现从数的角度来表示物体，形成数概念。

幼儿通常需要经过计数来确定某一物体的数量，并通过比较来确认物体的等量或不等量关系。而教师在此间则应对幼儿出现的各不相同的认知策略抱着宽容的态度，用默许来鼓励幼儿用自己的方法解决面临的问题，不急于让没有心理准备的幼儿去直接模仿别人的操作方法和策略。

例如，老师准备了若干数量为3、4、5……的实物卡和点卡，让幼儿把一样多的放在一起，然后用点卡来表示分类结果。老师发现，他们各人采取的是各不相同的策略：婷婷是先把3的卡片找出来，再找4的卡片；成成是顺着拿一张分一张；小明手忙脚乱地始终在数两张5的实物卡，刚把有5个苹果的卡片数清楚，又不放心地拿起才数过的5颗星星卡片数起来……老师都一一看到眼里，并不干涉。

例如，把图4-2所示的卡片按点数分类（5点和6点）。

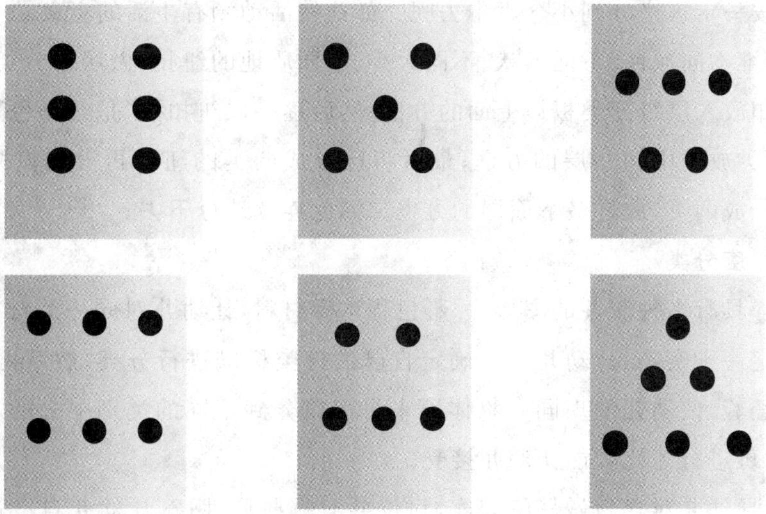

图4-2　卡片

按逻辑关系分类：把具有某特征和不具有某特征的物体分开摆放，通常用肯定与否定标记来代表。

例如，老师提供了各种成对的肯定与否定的标记和各种实物卡、图形卡和点卡，让幼儿从中自选一套做分类。成成选择的是颜色标记，小明选择的是图形标记，婷婷和青青选择了数的标记。小明边分图形边拖着调子念着："我把圆形送到圆形的家里，我把不是圆形的送到……圆形的家里"，婷婷在旁边听了哈哈大笑起来说："什么，你把不是圆形的送到圆形的家里了？"小明一听连连说："错了错了"赶紧把刚才放错的那个图形找出来，放到否定的标记一边。

幼儿在按肯定与否定标记分类时，要求他们"边分边说"，有助于幼儿概括自己的操作过程，同时也有利于他们及时发现自己的错误。

4. 按两个特征或两个以上特征分类

按两个特征或两个以上特征分类的活动，需要在掌握按一种特征分类的基础上逐步向幼儿推出，一般在中班末期或大班开展。首先，让幼儿在颜色、形状、大小等外部特征中任意确定两个特征作为分类的依据，如在一筐几何图形片中把红颜色的圆形和蓝颜色的方形挑出来分开放。然后用相应的颜色图形标记来表示。其次,可以让幼儿学习根据三种特征对物体进行分类或排列。

5. 按层级分类

利用层级分类底板和各种小实物开展的多级次分类活动。它直观反映了物体类与子类的包含关系。层级分类活动适合放在中班末期进行。所用材料可以用实物也可以用实物卡、点卡等材料。最初引导幼儿玩层级分类,或指导有困难的幼儿玩时,可先让他们从二级分类做起。教师可以依据操作活动的基本规则来赋予活动一定的问题情境,如怎样把大仓库中的"货物"按一定规格分到小仓库中去呢?如此使活动涵有生活的意义。

例子:用一堆不同颜色、不同形状、不同大小、不同质地的纽扣,做层级分类的活动:先让幼儿把所有纽扣放入层级分类板最上面的方框;然后逐一取纽扣按"是红颜色"的和"不是红颜色"的分成两类放进中间一层的方框;最后将已分成两类的纽扣再分别按"是圆形扣"和"不是圆形扣"分成两类,放进最下面层的方框。如此连续地分下去。

6. 按多重角度分类

教师可选择具有多种属性的图形片、彩色积木等材料,让幼儿对同一类材料做不角度的分类。即先指定一种实物,让幼儿各自确定自己的分类标准进行分类,然后再组织交流,拓展幼儿的分类经验,使幼儿发现同一物体原来是可以分到不同的类别中去的。多重角度分类活动,要在大班进行才比较能让幼儿接受。

步骤:1. 引导幼儿对材料做仔细观察,讨论共有哪些属性;2. 让幼儿自己选择一种属性对物体进行分类;3. 让幼儿将材料合并进来,重新选择一种属性对物体进行分类,如此重复进行。

(三)分类活动的教学要求

1. 充分利用自然条件和日常生活情景

应当把分类渗透到幼儿的生活中,在幼儿接触社会生活以及自然环境的过程中,潜移默化,随时随机地加以运用。

2. 提倡并鼓励幼儿交流分类的结果——体现幼儿思维抽象和内化水平的一个重要标志

在动作水平上的分类之后,引导幼儿用语言经过内化加以正确的表述对促进幼儿抽象逻辑思维的发展具有重要意义。通过交流能促进幼儿抽象逻辑思维的发展以及幼儿之间的互动,锻炼幼儿的口语表达能力。

3. 扩展幼儿有关分类的标准,尝试多种分类形式

在教学中,结合幼儿按一种维度分类的不同结果,帮助幼儿归纳到分类的不同标准,并由此提示幼儿尝试一维特征的多种自由分类、层级分类以及按二维(或以上)特征的分类,逐步帮助幼儿在分类活动中发展其思维的抽象性、发散性、灵活性。

二、幼儿排序的活动

(一)幼儿排序能力的发展

排序是指根据一组物体的某种特征的差异或某种规则,按序进行排列。对幼儿来说,排序要比分类难,因为分类只需要他们辨别和确定一个物体是否具有某一属性,以便将其划入某一类别中。而排序需要幼儿能连续的比较和区分物体之间的差异,同时还需要协调物体之间的关系。所以说,排序活动较复杂对幼儿要求较高。

幼儿数概念研究协作组(1979 年)实际调查表明:幼儿认识物体大小、长短的次序要比认识实物(包括直观图形)的数序发展更早,实物的数序的掌握又比抽象的数序的掌握先发展。幼儿对各种量的排序能力这一发展趋势反映了从直观感知到抽象概念的认识过程的发展规律。

(1)3～4 岁:通过尝试错误完成排序对应活动

3～4 岁幼儿在玩套杯、套碗、套盒等活动中,会进行一些比较排序,并在游戏活动中初步能表述。例如,玩娃娃家时,刚刚说:“爸爸很大,娃娃很小。”建构楼房活动中,明明说:“这座楼房比那座楼房高。”其实这一年龄不少幼儿通过尝试错误,完成排序对应活动。例如,把娃娃家中 3 个大小不同的杯子的轮廓描画下来,依序贴在墙上,在整理玩具时,请幼儿把杯子对应的挂在按大小顺序排列的轮廓图中,一般幼儿都能完成这种任务。

(2)4～5 岁:开始尝试真正的排序活动

洋洋 4 岁时在排列 5 根小棍时,只顾着小棍上端一根比一根长,嘴里还不住地说:“一根比一根长”事实上她没有按长短排序,也没有考虑小棍的下部基线。这表明:4 岁幼儿最早的排序长短顺序时,他们往往只注意到小棍一头的顺序而不顾小棍的另一头是否对齐即忽视长度的排序。5 岁幼儿在进行 5 以内排序时,失误明显减少,有些幼儿具备了一定目测能力,但在进行 10 以内排序时,失误仍较多。但这时的幼儿大多能注意基线,能主动改正错误。

(3)6 岁:目测能力显著提高,有的幼儿能自觉运用简便的排序方法

玲玲 6 岁时在排小棍时先将 10 根小棍拿在手中,将一端对齐,再每次从中拿取一根最短的,依次排列成一个序列。实际上,大多 6 岁幼儿在进行 10 以内排序时,目测能力显著提高,失误次数也明显减少,有些幼儿能自觉运用简便的排序方法。幼儿能够按序排列物体,关键在于理解传递性、相对性这两种关系。实例表明:5～6 岁是认识传递性的较好时期。这一时期能明确陈述理由的人数明显的增加,平均达到 50%。

（二）幼儿排序活动的教育目标（表 4－1）

表 4－1　幼儿排序活动的教育目标

	小　班	中　班	大　班
按物体大小	①大小差别较明显 3～4 个物体 小→大或大→小	①6 以内的物体 按大小、长短、粗细 小→大或大→小 长→短或短→长 粗→细或细→粗	①10 个同类物体 按不同差异排序 例： 矮→高或高→矮 宽→窄或窄→宽
按物体长短	②长短差别较明显 3～4 个物体 长→短或短→长		
按物体数量		②6 个以内的物体 逐一增加或逐一减少	②10 个以内的物体 递增或递减
按数字所表示的多少		③1 → 6 或 6 → 1	③10 以内的数字 小→大或大→小
按规律			④初步教幼儿发现物体排列顺序的某些简单规律

（三）排序操作活动的设计与教学组织

（1）教小班幼儿按物体的大小、长短排序

①教幼儿给差别较明显的物体进行大小排序，同时也可以和比较物体大小的教学结合起来。例如，引导幼儿从 3 个物体中找出最大的和最小的，然后再进行排序。

②教幼儿给长短差别较明显的物体排序，可以和比较物体长短的教学结合起来。教学建议和上面讲的基本相同。教学时，要注意让幼儿学会把物体的一端对齐，以便区别物体的长短。

（2）教中班幼儿按物体的高矮、粗细、厚薄排序

教中班幼儿按物体的高矮等特征排序，可以和比较物体高矮的教学结合着进行。

①教幼儿按物体的高矮排序时，可以让幼儿把一组物体从矮到高或从高到矮排列起来。

②教幼儿按物体的粗细、厚薄排序。教幼儿按物体的粗细、厚薄排序，可以采用类似上面的方法。

（3）教大班幼儿按物体的宽窄排序

①教大班幼儿按物体的宽窄排序时，可以和比较物体宽窄的教学结合着进行。

②教幼儿按物体的数量多少排序。在大班教律排序，并按数字从小到大或从大到小的顺序排列。

③指导幼儿按物体的特定规律排序。在大班指导幼儿去发现物体的排列规律并按这一

特定规律排序，对于发展幼儿智力、初步培养幼儿的探索精神有一定的作用。

三、区别“1”和“许多”

（一）幼儿区别“1”和“许多”活动的教育目标

“1”是自然数的基本单位，“许多”是含有两个以上元素的集合。区别“1”和“许多”，了解它们的关系，目的是在幼儿学习数概念之前，使幼儿初步认识一组物体（集合）是由单个物体（元素）组成，初步形成集合的概念。为后面学习点数，了解计数的结果做准备。

（1）教会幼儿运用各种感官感知“1”和“许多”。例如，会利用视觉区别一个物体和许多个物体；会利用听觉区分一次声响和许多次声响；会利用触觉感知一个物体和许多个物体，等等。

（2）使幼儿了解“1”（元素）和“许多”（集合）之间的关系。即任何“许多”都是由“1”组成的。

（3）让幼儿学会在日常生活中运用“1”和“许多”以及常用的数量词。

（4）培养幼儿的观察力、注意力和初步的归类能力。

（二）幼儿区别“1”和“许多”操作活动的设计与教学组织

1. 感官参与

为幼儿提供一定的材料和环境，调动幼儿的听觉、触摸觉、运动觉等感知通道来体验和区分“1和许多”。

2. 寻找比较

教师可在事先设置好的环境中让幼儿寻找一个物体和许多个物体；也可以让幼儿在自然环境中寻找；还可以教幼儿通过记忆寻找。

3. 游戏情景

游戏情景的创设能够更好的调动幼儿学习的兴趣，体验所要学习的内容，获得相应的经验和概念。

四、配对操作活动的设计与教学组织

配对是不经计数确定物体数量的简便方法，当我们想把“多”“少”“一样多”的概念介绍给幼儿的时候，最好的办法是让他们做配对的活动。配对活动还有助于帮助幼儿理解集与子集的等量关系，以及形成数量守恒的观念。以下就是关于“配对活动的系列套餐”。

（一）关系配对

教师可提供具有一定对应关系的若干实物和实物卡，如有相连关系的手套、袜子、鞋子……；有相关关系的锁头和钥匙、雨伞和雨鞋、毛巾和脸盆……；还有从属关系的奶奶和眼镜、妹妹和娃娃、医生和听诊器……

在组织活动中，教师有必要先引导幼儿逐一讨论各对实物的相互关系，让幼儿领会为某一物体找的“朋友”应是相互有一定关系的物体，然后才能让幼儿对成对的实物或实物卡进行配对。幼儿在配对的过程中，自然可以领悟什么是一一对应。

（二）做等价集合

老师以请幼儿喂小动物吃东西的形式提供了小兔等小动物的实物卡若干，让幼儿给每只小动物喂一个东西，做成与小动物等价的食物集合。老师故意没有告诉幼儿应该给小动物拿几个实物，她观察到何奇奇是数好了有几只小动物后一次去拿了相应的食物数量；李成则是先抱来一堆食物，给每个小动物一一放了一个后，再把多余的食物送回去；苏婷和杨扬都是每次拿一个，来来回回地跑，但是苏婷在喂了第 4 个小动物后，看见还有两个小动物没有食物时，就一次拿了两个食物来，喂给它们。老师知道，苏婷正在进步，而杨扬也迟早会有这一天，因此她并不着急。

做等价集合是帮助幼儿发现集合间等数性，从而进一步抽象出“数”概念的必要步骤。设计组织此类活动，教师还可结合幼儿的生活需要和游戏活动来设计各种问题情境。例如，进餐前请幼儿为每个小组分发餐具、食品；各种活动前请幼儿分发每人都需要的材料和工具等。在组织活动中，教师应容忍幼儿出现的种种“多余”动作，让幼儿在多次集合间元素的比较中领悟操作策略。因为这是幼儿达到真正理解而不是“记住”所必须的。

（三）集合间的比较

将两个集合间的元素进行比较，有三种情况出现，一是“相等”，二是“比……多”，三是“比……少”幼儿在不经计数确定集合间这三种关系时，所能采取的方法就是一一配对。有关配对的活动形式有许多，如民间扑克游戏“抽乌龟”、实物卡（或点卡）的“等量接龙”等，可帮助幼儿形成相等的概念；而不等量的元素配对，则可以促进幼儿发现集合元素的“多”、与“少”。在此基础上，教师可进一步引导幼儿做“变成一样多”的操作练习。

在组织此类活动时，教师依然需要灵活地运用指导策略，立足于促进幼儿的独立思维。请看下面的两个活动组织实例：

①等量配对

老师拿出若干套点子接龙卡，她注意把每一相同的点数都点成不同排列的形式，要求幼儿将一样多的点子接在一起。杨扬找不到伴，他请老师和他一起玩接龙。老师在接每一张卡片时却表现得“很迟钝”，经常接错，还要让杨扬帮她选可以接的卡片，这使杨扬非常得意，他很负责地检查老师每次接的卡片，并热情地指正老师接错的点子。

②变成一样多

老师提供了两组实物，一组比另一组多一个。她要求幼儿先给两组物体一一配对，然后比较两组物体的多和少，最后再思考如何把不一样多变成一样多。在同时面对 4 和 5 的实物集合做变成一样多的练习时，杨扬想到的是添上一个，而何奇奇想到的则是去掉一个。教师在活动结束时，向全班幼儿介绍了杨扬与何奇奇两人不同的操作方法，并组织大家进行讨论：他们谁做得对，为什么？经过一番辩论和集体验证，大家惊讶地发现，原来他们做得都对！

模块五　其他活动中集合概念的渗透教育

除了数学学科教学能为幼儿集合概念的学习提供有效的帮助以外，其他各学科教学过程以及日常生活的游戏、劳动等活动也有着向幼儿渗透集合概念的契机。

一、各学科教学中集合的渗透教育

（一）科学活动中的集合教育

幼儿园的科学教育是和数学教育有着紧密联系的学科。从幼儿科学教育的内容来看，主要包括四方面内容：人体、自然生态环境、自然科学现象、科学技术教育，每一方面都可渗透集合的教育。例如，在人体这一单元的“认识自己”的活动中，可引导幼儿了解自己的身体，体验双手、双脚、双眼等器官的配对和归属；区分自己的或他人的物品，辨别自己与他人的共同之处与不同之处，这些内容都与集合的求同、分类、配对相联系。又如，其他方面，教师引导幼儿探索和发现周围世界的各种事物以及各种事物的属性差异，所运用的也正是数学的手段。幼儿在科学活动中运用归纳形成的苹果概念，以及通过调查弄清楚苹果的品种，与他们在数学活动中通过求同形成苹果集合的概念以及通过分类形成苹果子集的概念的认识过程，从本质上讲是一致的。

再如，杨扬和李成都拿着一根科学区里的魔棒（经过磁化的铁棒）在一筐杂乱的材料中检验铁制品。杨扬将魔棒点过的东西又放回了筐里，而李成则把能被魔棒吸起来的东西拿到筐的外面。活动结束时，杨扬已记不清哪些东西能被魔棒吸住，而李成却能说得一清二楚。杨扬这才发现李成的方法比他的好。

李成所用的方法其实就是分类的方法。这说明幼儿运用他们在数学活动中掌握的求同、分类、配对等运算技能，可进一步提高他们认识世界、理解世界的水平和解决实际问题的能力，从而更好地适应社会生活。

（二）语言活动中的集合教育

语言是一门工具性学科。通过语言活动渗透的集合教育常常是“体验”的一种抽象。

我们可以在给幼儿进行的猜谜活动中将“求同”“分类”的内容融入其中。例如，将具有某种共同属性的物体归在一起后，让幼儿来猜这些物体在什么地方是一样的。又如，将物体事先分好类，再让幼儿来猜分类的标准等。

在一些儿童的文学作品中，也有关于集合的教育内容。例如，《三只蝴蝶》中红花只让红蝴蝶进来躲雨，黄花只让黄蝴蝶进来躲雨……让幼儿玩《三只蝴蝶》的表演游戏，就可以自然渗透有关配对、分类的集合教育内容。

（三）音乐、体育、美术等活动中的集合教育

在音乐、体育、美术等活动中，凡是涉及材料、工具、器物的指认、分发、归置整理无一不和集合的教育内容相联系。例如，幼儿在音乐活动中知道了什么是碰铃，就必须同时知道什么不是碰铃，其中隐含的正是集合教育内容中的分类。美术活动中对颜色的认识、体育活动中对器具的分配也同样隐含着求同和配对的内容。

二、其他活动中集合的渗透教育

日常生活是对幼儿进行集合教育的源泉。游戏、劳动等日常生活中信手拈来的都是集合教育的内容，同时游戏、劳动等生活也给了幼儿巩固、运用求同、分类、配对的机会。

（一）游戏活动中集合的渗透教育

游戏活动中的集合教育，常常在自由进行的游戏中和游戏后产生。例如，角色游戏中，幼儿需要确定角色身份，教师可以引导他们各自对应一个角色来看游戏的角色是否都有人承担了；游戏中需要各种材料，教师可引导幼儿按某种游戏需要的求同标准来选择或分配材料；在游戏结束时，教师更可以指导幼儿按类收放材料等。

（二）劳动及生活自理活动中集合的渗透教育

在幼儿劳动及生活自理活动中，教师可根据生活需要自然渗透集合的教育内容。例如，组织幼儿擦椅子、擦茶杯，引导幼儿把擦过的与没有擦过的分开放；组织幼儿帮助妈妈剥豆子、洗餐巾，可让幼儿把剥好的豆子集中放一起，把洗好的餐巾单独放；引导幼儿将生活用品、作业本按取用方便归类摆放等。

例如，小一班有一个专门存放孩子们鞋帽、衣服的衣帽架。教师让孩子们把脱下的帽子、衣服、鞋子分别放在衣帽架的上、中、下层。教师让孩子们到活动室的各个地方去找找，看看除了衣帽架上的帽子集合、衣服集合、鞋子集合以外，还能发现其他什么东西的集合，如找一找名字一样的许多东西或者是形状一样的许多东西组成的集合。成成来到美工橱，看见有许多剪刀都插在一个个薯条罐中，还有许多一样大的图画纸、美工纸等都放在大纸盒里，于是兴奋地跑来告诉教师："美工橱里有许多剪刀，它们名字一样，形状也一样；还有许多大白纸、美工纸，它们形状一样，名字不一样。"这时其他孩子也陆续跑来报告他们的发现。小明说："图书架上有许多图书（即图书的集合）。"婷婷说："积木橱里有方积木（的集合），还有圆积木（的集合）。"……

【单元小结】

本单元介绍了幼儿感知集合的发展特点，集合的有关知识，以及幼儿感知集合的要求，并重点介绍了幼儿感知集合教育的活动指导，另外也简单介绍了其他活动中集合概念的渗透教育。

【思考题】

1. 幼儿感知集合有哪些发展特点？
2. 幼儿感知集合有什么意义？
3. 幼儿感知集合教育的要求是什么？
4. 举例说明其他活动中集合概念的渗透教育。

【数学活动实例】

数学活动实例一

活动名称

汤圆（区别“1”和“许多”）（小班）

活动目标

1. 引导幼儿在搓汤圆、吃汤圆等活动中学习感知“1”和“许多”。

2. 让幼儿知道冬至时节搓汤圆、吃汤圆是我们的一种习俗，并喜欢参与这一活动。

活动准备

1. 环境的创设：

把活动室布置成温馨的家庭的客厅、餐厅模样（幼儿可围坐在客厅、餐厅的大桌旁活动），在桌上铺上漂亮、整洁的餐巾，摆上几束花。

2. 材料的提供：

搓汤圆用的米团若干，幼儿人手一份垫板、塑料小刀、碟子、湿手巾、小袖套和围兜。

3. 生活经验准备：

活动前引导幼儿观察、了解冬至时节闽南的一些民俗；学习用橡皮泥搓圆。

活动过程

一、引入活动

（一）以妈妈的身份引入：我们的家布置得多漂亮呀！冬至快到了，今天妈妈要和你们一起搓汤圆、煮汤圆和吃汤圆，好吗？

（二）检查幼儿的小手是否洗干净，并帮助幼儿套上袖套、系好围兜。

二、搓汤圆

（一）教师操作示范

1.（出示大米团，告诉幼儿这是一块米团）妈妈要变个魔术，把它变成许多小米团。

2.示范将米团搓长、切成许多小米团。示范时结合语言提示，引导幼儿观察米团的变化，并说出来。例如，搓呀搓，搓呀搓，米团变成什么样了？（变瘦了、变长了）切呀切，切呀切，大米团变成许多小米团。

3.示范、讲解搓汤圆的方法，并启发幼儿逐一点数，看看妈妈搓了几个汤圆，引导幼儿观察一个一个汤圆合起来是许多汤圆。

（二）幼儿动手操作

1.提出活动要求：

(1)妈妈这里有许多的米团，等会每个小朋友都可以自己来取一份。

(2)搓汤圆时要注意卫生，不可用小手抓头发、挖鼻孔或抓其他东西，手脏了可用湿手巾擦一擦。

(3)数一数、比一比，看看谁搓的汤圆多。

2.观察幼儿的活动情况，并进行适时的指导。

(1)可以先把一块大米团分成几块小米团，再把小米团搓成汤圆。

(2)可以边搓边数，看看自己搓了几个汤圆。引导幼儿看看一个一个汤圆合起来就是许多汤圆。

(3)鼓励幼儿与同伴交流，看看各自搓的汤圆有什么不一样（如大小、形状等），比一比谁搓的汤圆多。

3.请幼儿把搓好的汤圆交给阿姨，并协助收拾工具和材料，洗洗手。

三、煮汤圆

组织幼儿在安全的地方观看阿姨煮汤圆，并进行自由交谈，体验成功的喜悦。

四、吃汤圆

轻声播放歌曲《卖汤圆》。教师与幼儿围坐在一起吃汤圆，交流一下各自的感受，并适时向幼儿介绍闽南地区冬至时节的一些习俗。

数学活动实例二

活动名称

森林里的商店

活动目标

1.体验1～5数序的序列感，理解1～5数的实际意义。

2.能尝试与同伴商量，体验合作的乐趣。

活动准备

1. 场景布置。

2. 货架(图片);各种货物(水果、文具、玩具、鞋、帽……),数量分别为1～5数字卡片。

3. 各色串链(分别贴有数字1～5)。

4. 店牌、门牌。

活动过程

一、布置货架(探索、体验有序摆放的序列感)

1. 我们的森林小区要开商店,我们可以开什么店呢?

2.(出示各种货物及货架)请幼儿两两结伴,把货物放入货架;放好货物后清点货物、贴上卡片。

3. 幼儿尝试摆放货物。

可能出现的情况:

①随意放(引导幼儿体验这样放很乱,客人买东西不方便);

②先将货物分类,把相同的摆放在同一格里。

4.(以"狮子"经理的口气)提示:要把最少的货物放在最高一层;怎样让货物看上去整齐。(引导幼儿按序摆放)

5. 观察:引导幼儿感知摆放整齐的货物看上去像楼梯一样,下面一层总比上面一层多1个(件、只……),上面一层总比下面一层少1个(件、只……)。

二、编门牌号码(运用数序经验)

1. 森林小区的商店布置好了,可是森林里有这么多家商店,邮递员送信、送报纸可不方便了,他送信都是按照门牌号码来送的,可现在怎么送呀?(启发幼儿为商店编门牌号码)

2. 随意编——发现号码有重复或漏掉。

3. 这里有8家店,该怎么编呢?(引导幼儿运用数序知识编号后,尝试用接着数的办法为剩下的店编号)

三、布置商店(巩固)

1."狮子"经理送来了礼物,不过我们还要动手来做一做。

2. 请幼儿穿彩链。(引导幼儿注意彩链上的数字)

幼儿可能出现:

①将同色彩链按数序穿;

②将彩色彩链按数序穿;

③按间隔色、按数序穿;

④选择半成品,缺少一个补上去。

3. 把穿好的彩链布置在商店门口。

数学活动实例三

活动名称

开个饼干专卖店

活动目标

1. 学习将图形片按颜色或形状分类排放。

2. 按图形片的颜色和形状特征进行配对，并学习命名。

3. 喜欢参与集体游戏活动。

活动准备

1. 红、黄、绿 3 种颜色，圆形、正方形、三角形 3 种形状的图形片若干。

2. 红、黄、绿 3 种颜色标记各一个，圆形、正方形、三角形（无色）标记各一个。

3. 放置图形片的扁平框（或盒）若干。

4. 3 个娃娃，身上分别有红色的圆形、黄色的正方形、绿色的三角形标记一个。

活动过程

1. 商店进货。

(1)一起商议玩“开饼干商店”游戏。

商店货架上只有一个一个空的筐，还没有进货，现在先要小朋友把饼干拿来布置货架。

(2)幼儿看自己的小筐里有些什么饼干？看看、讲讲，如三角形饼干……红色的饼干……

(3)按教师筐前出现的颜色标记，请一部分幼儿把饼干分送到三个筐里，边送边说，如我把红饼干送到红色标记的筐里，我把绿饼干送到这绿色标记筐里……

(4)按教师筐前出现的形状标记，请另一部分幼儿把饼干分送在三个筐里，边送边说，如我把饼干送到有圆形标记的筐里，我把方饼干送到有方形标记的筐里……

2. 介绍饼干。

(1)幼儿看一个有颜色标记筐里的饼干。介绍这儿的饼干都是××色的饼干，如都是红色的饼干，说：“要买红色的饼干到我这里来！”教师帮助补充：“要买红色的饼干可以到这里来，也可以挑选你喜欢的形状。因为这里是红色的饼干但有不一样的形状。”

(2)幼儿看一个有形状标记筐里的饼干。介绍这儿都是××形状的饼干，如都是方方的饼干，说：“要买方饼干到我这里来！”教师帮助补充说：“要买方方的饼干可以到这里来。”

3. 买饼干，幼儿当顾客去购买饼干。

(1)买两块不一样的饼干。（让幼儿挑选，并让大家看看、讲讲这两块饼干有什么地方不一样）

(2)买两块相同的饼干。（让幼儿挑选，并让大家看看、讲讲这两块饼干有什么地方是相

同的）

（3）出示3个娃娃（身上有标记），要小朋友买他们最喜欢吃的饼干，先看看、说说他们各自喜欢吃的饼干。例如，红色的圆饼干、黄色的正方形饼干、绿色的三角形饼干。然后分组为3个娃娃买饼干。最后评价每个小组是否为娃娃买到他们喜欢的饼干。

数学活动实例四

活动名称

按物体特征分类（小班）

活动目标

1.乐与参加数学活动。

2.能发现物体的特征并进行分类排序。

3.学会根据物体特征作标记。

活动准备

1.教具：彩色鱼9条（由3种颜色组成，大、中、小各3条）；鱼缸图片3张，红、黄、蓝3色标签各一份。

2.学具：幼儿用彩色鱼，人手9条，形状、颜色同“教具”相同。

活动过程

一、念儿歌进教室

边念儿歌边做动作进教室，为下面的活动作铺垫。

二、出示教具（集体活动）

1.出示彩色鱼，无规律排放。

教师：“今天老师带来了几位小客人来到我们班，小朋友们想知道是谁吗？”

2.引导幼儿发现彩色鱼的特点。

“我们来看看这些小鱼好看吗？它们都有些什么颜色？它们的颜色都是一样的吗？我们来看看它们还有什么不同啊？”

三、出示学具（个别活动）

“小鱼们今天遇到一个难题，想请我们聪明的小朋友帮帮它们，好吗？刚刚小鱼们看到我们小朋友进教室的时候排队排得很整齐，它们也想排个队，请小朋友们帮它们也排个队好吗？”

幼儿按照自己的想法为彩色鱼排队，教师巡回指导。

活动结束后收拾学具，放回学具袋并放回椅子下面。

四、交流小结

教师：“刚刚我发现有很多小朋友都用了很多的方法来为我们的小鱼排队，那我想请几

位小朋友上来将你们的方法排给其他小朋友看看。”(请2～3位幼儿示范)

小结:彩色鱼的排列可以是按照从大到小、从小到大,相同颜色放一排、花纹相同的放一排等方法进行不同的序列。

五、学习制作标记

数学活动实例五

活动名称

按形状排序

活动目标

1. 通过多媒体课件,激发幼儿对排序活动的兴趣。

2. 培养幼儿初步的观察与比较能力,提高幼儿的判断推理能力,发展幼儿的逆向思维。

3. 引导幼儿学习按物体的形状有规律地排列。

活动准备

课件、教师及幼儿操作材料。

活动过程

1. 操作课件,复习按颜色排序。

指导语:我收到了图形王国发来的礼物,我们一起来看看吧。

2. 看图,引导幼儿探索形状排序的规律。

指导语:在图片中除了有红、蓝颜色之外,你们还发现了什么?它们是怎么排队的?(三角形、圆形等)

3. 玩“我说你做”的游戏,启发幼儿自己操作。

指导语:刚才的问题,小朋友都答对了,我们再接着玩游戏吧!请你们根据我给的图形排队,并说说你们是怎样排的?

4. 教师小结,活动结束。

数学活动实例六

活动名称

二次分类

活动目标

1. 学习按事物的两种不同特征进行二次分类,体验类包含关系。

2. 培养幼儿的分析、归纳能力和操作兴趣。

活动准备

教具:颜色、大小不同的三角形、正方形图片若干;水果、蔬菜图片若干。

活动过程

一、开始部分：组织幼儿边听音乐边坐好，引起幼儿兴趣。

二、基本部分：

1. 观察演示。出示图形卡片，让幼儿观察其特征，想一想如何将这些图形分成两组，有几种不同的分法。（幼儿进行讨论）

2. 讨论回答后，教师选择一种分法进行演示，如将图形分成形状不同的两部分。在此基础上启发幼儿想一想如何将每一部分再分成两部分。教师演示分法。

3. 教师小结：可先将图形按形状分，再按大小分；也可先按大小分，再按形状分；还可先按颜色分，再按形状分。

4. 幼儿操作。让幼儿观察图形的外形特征，然后按其特征进行二次分类。

5. 复习巩固。教师指导幼儿完成书中的练习题，进一步巩固幼儿的分析、归纳能力。

三、结束部分：教师奖评小结，带领幼儿进行户外活动。

第五单元　幼儿认识数概念的活动指导

【学习目标】

1. 了解幼儿认识数概念的发展特点；
2. 理解幼儿认识数概念的教育要求；
3. 掌握幼儿10以内数概念及运算的相关知识和关键经验；
4. 应用幼儿10以内数概念的活动要求，设计相应的数学活动方案。

模块一　幼儿数概念的发展特点

一、10以内初步数概念的发展特点

（一）幼儿计数能力的发展

幼儿的计数能力标志着他对数的实际意义的理解程度。同时，通过计数活动，幼儿的数概念初步形成。从3岁以后，幼儿学会数数开始，他的计数能力的发展，经历了口头数数（口手不一致）、按物点数（口手一致但说不出总数）、说出总数、按群计数等几个阶段。

1. 口头数数

3岁幼儿在成人影响下，逐步学会说出个别数词，并能凭着机械记忆，按一定顺序背诵这些自然数的名称，俗称"唱数"。但他们并不理解自然数的意义，往往不能正确地用这些数来表示物体的数量。实际上，幼儿这时仅仅掌握了数的顺序而非数量的观念。他们的口头数数的能力并不能说明其计数能力的发展水平，而只是一种机械记忆，是计数的最低水平。

2. 按物点数

这一阶段幼儿的计数，在初期其显著特征，就是不能做到口手一致点数和确定物体的总数。有的幼儿口里能按顺序数数，手却不能按物一个一个地点，而是乱点；有的口手能有节奏地配合，但不是数词与实物一对一的配合，常出现重数、漏数的现象；还有的手能按实物排列顺序一个一个点数，口里却乱数。因此，不能按物点数实际上就是不会计数，也未形成最初的数概念。

3. 说出总数

一般来说，4岁以上的幼儿大多能说出数量在10以内的物体的总数。幼儿能说出总数，

标志着他已开始理解数的实际含义。幼儿知道将最后说出的数词作为所数过的一群对象的总体来把握，这说明已出现了一种最初的数抽象。能说出物体的总数，意味着幼儿计数能力达到了一个新的水平，即形成了最初的数概念。

4. 按群计数

5 岁以后，幼儿逐渐发展了按群计数的能力。所谓按群计数，就是计数时不以某个物体为单位，而是以数群（物体群）为单位，如两个两个地数，一五一十地数。这表明数对幼儿来说已具有更加抽象的性质。因为数群概念是指能将代表一个物体群的数作为一个整体去把握，而不需用实物和逐一计数确定物体群的数量。这种能力要求幼儿具有一定的数抽象水平，才能在没有实物的情况下，理解和运用口头说出的数。

总之，幼儿计数能力的发展个别差异很大，而且受教育的影响也很大。有些文化水平较高家庭的幼儿，在小班就能点数到较多的数目，有的甚至能达到数目守恒。此外，幼儿的计数能力还会受到各种因素的影响，如物体的大小、空间排列方式、计数方式、数量的呈现方式等。

（二）幼儿数序和序数概念的发展

数序和序数是自然数序列概念中的两个方面。数序表示每个数在自然数序列中的位置及相邻数之间的大小关系；而序数则是表示事物次序的自然数。

1. 幼儿对数序的认识

小班幼儿从混乱地唱数发展到能逐渐有序地唱数，这是对数序的最初认识，但这时的幼儿尚不理解数序的关系。

中班的幼儿在理解每一个后面的数比前面一个数多 1 的基础上，在数与数之间初步建立起了关系，从而形成了自然数列的空间形象，并开始初步理解数的顺序。但这时幼儿理解两数之间的关系一般是借助实物并依靠计数来比较的，而且他们还没有明显地建立起 10 以内自然数列之间等差关系的概念。因此，在多 1 还是少 1 的问题上容易出错。

大班幼儿已发展形成自然数列的完整概念，能理解三个数的相邻关系和 10 以内自然数列的等差关系。在中班认识了 10 以内数及相邻两数相差为 1 的关系的基础上，大班幼儿能够较顺利地认识相邻的三个数及比较三个相邻数的关系。所谓相邻数，是指某数的前面一个数和后面一个数，如 4 的相邻数是 3 和 5，5 的相邻数是 4 和 6。相邻数实际上是自然数列中等差关系的具体体现。

2. 幼儿对序数的认识

一般说来，幼儿对序数的认识比基数晚，他们能认识“几个”，但要认识“第几个”就较困难。因为认识序数要在认识基数的基础上进行。当幼儿要回答“第几个”的时候，他首先应依次点数，点到“3”的时候，这个“3”就表示一共有 3 个物体，同时也表示这个物体是排在第三个位置上。如果没有点数，即没有基数的基础，也就无法表示序数（数的位置）。研究发现，3 岁幼儿一般都还没有序数的概念，常常不能区分基数和序数；直到 5 岁左右才能较好地理解和掌握序数的含义。

幼儿在认识序数时还容易受到基数概念的影响，因为过去他知道数字表示的数量，而现在同样数字却表示在一个数序中的位置，因而容易混淆序数和基数。例如，面对“第几张椅子空着”的问题，有的幼儿不是回答第几张椅子空着，而是回答有几张椅子空着。另一方面，即使幼儿知道序数的意义是表示“位置”，但这个“位置”还不能脱离具体物体的位置，远不是表示数序中的抽象的“位置”。比如：在盖数字印章时，幼儿认为表示第五张椅子的数字“5”应该印在第五张椅子的下面，而不能印在其他位置。这说明他的序数概念所表示的还是一个具体的位置。

（三）幼儿认识数的组成的发展

1. 幼儿认识数的组成的意义

所谓数的组成，又称数的分合，是指一个数（总数）可以分成几个部分数，几个部分数又可以合成一个数（总数）。对幼儿来说，数的组成只是指一个数和两个部分数之间的分合关系。

数的组成在数学上有着重要意义。首先，它反映了数的很多实质性关系：等量关系、互补关系、互换关系。总数可以分成相等或不相等的两个部分数，两个部分数合起来等于总数，这是总数和部分数之间的等量关系。在总数不变的情况下，一个部分数逐一减少（或增加），另一个部分数就逐一增加（或减少），这是部分数之间的互补关系。两个部分数交换位置，总数不变，这是两个部分数的互换关系。

其次，认识数的组成是理解加减运算的基础。数的组成中数群之间的等量、互补和互换关系本身就包含了简单的加减运算。例如，幼儿在将 8 分成 6 和 2 之后，以及将 6 和 2 合起来成为 8 的时候，就在进行着加减的操作。可以说，数的组成实质上就是一种数的运算。幼儿认识数的组成，可以为学习加减积累很多感性经验。他们在抽象概念水平上掌握数的组成之间的数群关系，也就直接成为掌握加减中数群关系的基础。

2. 幼儿认识数的组成的特点

对于幼儿来说，数的组成实际上就是一种心理运算。数的组成中包含着组合和分解两个方面，这是一个可逆的过程。同时，它还包含着整体和部分的关系，对数的组成的理解需要以类包含的关系为基础。这些都是导致幼儿对数的组成的理解发展较晚的原因。

一般说来，4 岁半以前的幼儿不理解数的组成；在大班以后发展较快，而且有一个从具体到抽象的认识发展过程，即从实物的分合到图片形象，最后达到数字符号的理解，逐渐达到抽象的水平。

二、10 以内加减运算概念的发展特点

数的运算实际上是对数量关系的一种运用。幼儿在生活的早期就已有了对加减运算的最初接触。虽然他们还不会运算，但在生活中会遇到很多加减的实际问题。这些生活经验为他们学习加减运算提供了重要的基础条件。

（一）幼儿加减运算概念发展的一般特点

幼儿加减运算概念的发展，总的来说是从具体到抽象逐步发展的，它反映了幼儿思维抽象性的逐渐发展。我们可将其分为三个水平：动作水平的加减、表象水平的加减和概念水平的加减。

1. 动作水平的加减

这是指幼儿以实物等直观材料为工具，借助于合并、分开等动作进行的加减运算。

2. 表象水平的加减

这是指不借助于直观的动作，而依靠在头脑中呈现的物体的表象进行加减运算。在其初级阶段，幼儿还要借助图片等静态形象，逐渐脱离具体形象，以其生活中熟悉的情节唤起头脑中积极的表象活动，从而达到对数量关系的理解并进行运算。

运用表象进行加减是幼儿学习加减的主要手段。尤其在幼儿开始学习加减时，以表象为依托的口述应用题，对幼儿理解加减含义和数量关系以及运算符号和公式等均起着十分显著的作用。

3. 概念水平的加减

这也称数群概念水平的加减运算，是指直接运用抽象的数概念进行加减运算，无需依靠实物的直观作用或以表象为依托。这是最高水平的加减运算。

（二）幼儿加减运算能力的发展

（1）4 岁以前的幼儿基本上不会加减运算。他们不懂加减的含义，更不会使用“＋”“－”“＝”等运算符号，也不会自己动手将实物分开或合并进行加减运算。但他们能解答一些与生活实际联系紧密的应用题。例如，问 2 加 1 等于几，幼儿大多不知怎么回答，且对此类问题也不感兴趣；但若问妈妈昨天给你买了 2 件玩具，今天又买了 1 件，你现在一共有几件玩具，幼儿会马上回答 3 件。

（2）4 岁以后，幼儿能借助于动作（如将实物合并或取走）进行加减运算。但这种运算不能离开具体的实物，而且运算的方法是逐一计数，即通过重新点数总数或剩余数得出结果。他们对于抽象的加减运算如“2 加 1 等于几”不能理解，也不感兴趣。但值得注意的是，4 岁以后的幼儿已经表现出初步的运用表象进行加减运算的能力了。

（3）5 岁以后，幼儿能够利用表象进行加减运算，并且在运算方法上，出现了逐一加减。

他们能将学到的顺接数和倒数方法运用到加减的运算中去。多数幼儿可以不用摆弄实物，只用眼睛注视物体而进行逐一加减运算。这种加减方法是以第一组物体的总数为起点，开始逐一计数，直到数完第二组物体；或从被减数开始逐一倒数，数到要减去的数量为止。实际上这是顺接数和倒数，还不是按数群加减。在学习加法时，反映出幼儿掌握大数加小数容易些，小数加大数较困难；在学习减法时，减数小易掌握，减数大较难掌握，这就证明了幼儿采用的是顺接数和倒数的方法。

(4)5 岁半以后，随着数群概念的发展，特别是在学习了数的组成以后，幼儿能运用数的组成的知识进行加减的运算，从而摆脱了逐一加减的水平状况，达到按数群运算的程度。幼儿加减运算方法的进步，实际上反映了幼儿在加减运算中思维抽象性的发展。

在幼儿加减运算能力的发展中，还有一个重要的特点，就是幼儿学习减法要难于加法。根据皮亚杰的观点，数的加法运算与类的加法运算需要同样的逻辑基础。加法不是增加，而是合并，并且它是一种可逆的运算。减法作为加法的逆运算，它应该需要和加法同样的逻辑基础，换言之应该能同时掌握。但为什么会出现这样的滞后呢？事实上，幼儿掌握加减运算早在形成类包含的逻辑结构之前就已开始。他们所表现出来的学习加法先于减法的特点，可能是因为：第一，受生活经验的影响。生活中接触加法多，如计数就是从小到大。第二，受运算方法的影响。很多幼儿都运用顺接数和倒数的方法计算。在加法运算时，可用顺接数的方法来解决；而减法运算时，得用倒数的方法才能解决，幼儿对此会感到困难。第三，最为根本的一点在于加法是把两个数群合并为一个新数群，在第一加数与第二加数之间无须进行比较，仅在判断“和”的正确性才涉及三个数群的关系；而减法在一开始就需要对被减数与减数两个数群进行比较，然后又涉及被减数、减数与差三个数群的关系。可见，减法中数群的比较和关系比加法复杂。

研究表明，幼儿掌握数群之间的逆反关系要难于等量关系。因为减法是加法的逆运算，幼儿用数的组成知识学习减法时，需具备两个数群关系的逆反能力，即将两个部分数合起来等于总数，转换成总数减去一个部分数等于另一部分。在解决减法问题时，很多幼儿运用的是加法而不是减法，如问幼儿：“小白兔一天共吃了 8 个萝卜，它上午吃了 3 个，那么它下午吃了几个呢？”幼儿回答：“5 个。因为 3 和 5 合起来就是 8。”可见，当加法转换成减法时，需要作一个思维逆转，因而幼儿学习减法要难于加法。

(三)幼儿学习加减应用题的特点

应用题是根据日常生活中的实际问题，用语言表达数量关系的题目。从应用题的结构看，它包括情节和数量关系两个部分，数量关系中又包括已知条件和未知条件。

从应用题的特点看，它和纯粹用数字和符号组成的加减题最大的不同，就是寓加减问题于情景之中。应用题的情节为幼儿的表象活动提供了素材，有助于引起幼儿对熟悉的生活情景的回忆,并用头脑中的表象来理解题中的数量关系。研究表明,幼儿学习加减应用题,有助于加减运算能力和一般思维能力的发展。

幼儿在解答和自编应用题时,通常会表现出以下特点。

(1)幼儿在解答加减应用题时,常受题目情节干扰。他们往往把应用题当作一个故事或谜语,不去注意题中的数量关系和问题,常被题中情节内容吸引而忘记计算的任务。

(2)幼儿在学习自编应用题时,常因对应用题的结构理解掌握较差而表现出有较大困难。大多数幼儿不会提出问题,或者直接给出答案,或者缺少已知条件;也有的幼儿编出的应用题违背生活逻辑或事物发展的规律。

模块二　幼儿认识数概念的教育要求

一、幼儿数概念发展的阶段性问题

幼儿数概念的发展,不仅有一定的连续性,而且表现出一定的阶段性。也就是说,在幼儿数概念发展的某一阶段内,一般都具有普遍的、共同的区别于其他阶段的质的特点。幼儿数概念的发展阶段和幼儿的年龄大体相对应,但并不完全一致。一般来说,年龄越小,这种一致性愈明显。

我国心理学家根据各地对幼儿数概念的发展的研究结果,将3~7岁幼儿数概念的发展大体上分成下列三个阶段。

(一)对数量的感知阶段(相当于3岁)

这个阶段的特点是:

(1)对大小、多少的笼统感知;对明显的大小、多少的差别能区分;对不明显的差别,只说“这个大,这个小”“两个都不多,合起来才多”等;

(2)会唱数,但范围一般不超过1～10;

(3)逐步学会口手协调的小范围(1～5)点数(数实物),但点数后说不出物体的总数,个别幼儿能做到伸出同样多的手指来比划。

(二)数词和物体数量间的联系建立阶段(相当于4～5岁)

这个阶段的特点是:

(1)点数后能说出物体总数,即有了最初的数群(集)的概念,末期开始出现数的守恒现象;

(2)幼儿在这个阶段的前期,能分辨大小、多少、一样多,到中期能认识第几、前后顺序;

(3)能按数取物;

(4)逐步认识数与数之间的关系(如有了数序的观念,能比较数目大小,能应用实物进行数的组成和分解);

(5)末期开始能做简单的实物运算。

(三)数的运算初期阶段(相当于5岁以上)

这个阶段的特点是:

(1)对10以内的数大多能保持守恒;

(2)计数能力发展较快,大多数幼儿从表象运算向抽象数字运算过渡;

(3)序数概念、基数概念和运算能力的各个方面都有不同程度的扩大和加深。一般幼儿到后期通过教学可以学会计数到100或1 000以上,并学会20以内的加减运算;个别幼儿甚至可做100以内的加减运算。

二、幼儿认识数概念的教育要求

引导幼儿感知事物的数量及其关系,建构初步的数概念,是幼儿数学教育的主要内容之一。在学前期,向幼儿进行10以内数的加减运算教育,目的是使幼儿感受和体验日常生活和游戏中事物的数量关系,学习用简单的数学方法解答实际生活中的某些简单的问题。

(一)小　班

会口手一致地点数5以内的实物,并能说出总数。

(二)中　班

(1)会正确点数10以内的实物,并能说出总数。

(2)学习不受物体的大小、形状和排列形式的影响,正确判断10以内物体的数量。

(3)感知和体验10以内相邻两数的数差关系。

(4)认识阿拉伯数字1～10。

(三)大　班

(1)会10以内的倒着数,能注意生活中运用顺、倒着数的有关事例。

(2)感知和体验10以内相邻的3个数之间的数差关系。

(3)知道10以内数除1以外,任何一个数都可以分成两个较小的数,两个较小的数合起来仍是原来的数。

(4)感知和体验两个较小的数之间的互补、互换关系。

(5)会解答生活和游戏中简单的加减应用题,理解加减的含义。认识加号、减号、等号,初步认识加减算式并知道算式表示的含义。

模块三　幼儿认识数概念的活动指导

一、感知 10 以内自然数基数的活动指导

(一)按数量求同和分类

教师可以利用日常生活的一切机会，启发幼儿到周围环境中找一找，看看哪些东西只有一个，哪些东西是成双成对的，还有哪些东西是三个一组或三个以上的，鼓励幼儿用自己喜欢的符号在卡片上记录每种物体的数量，发展幼儿对事物数量特征的敏感以及用符号表征物体数量的能力。

例如，中一班的巍巍和陈力今天选择了玩“超市”游戏，他们把货物按照不同的名称简单地归了类就大声吆喝着开张了。可这时玩其他游戏的幼儿还没来得及布置好场地，大家都顾不上前来购物。巍巍和陈力显得有些无所事事。

教师发现了这一情况，不失时机地跨进了超市，可是她并不直接去选商品，而是要巍巍和陈力介绍一下他们的这个超市中，哪些商品的数量是一样多的，哪些商品的数量是不一样多的。巍巍和陈力立刻忙碌起来。过了一会儿，他们都抢着来报告教师，可教师又要求他们把商品按不同的数量分别登记在一起。她见巍巍和陈力还没听明白，就解释说：“如都是 3 个的东西要记在同一张纸上，都是 4 个的东西要记在另一张纸上。”于是巍巍在一张纸上画了 7 瓶洗发水、7 本图书，在另一张纸上画了 4 个碗、4 把伞、4 把牙刷，当他正想做第三张记录时，却发现陈力早已将做好的 7 张记录贴到了广告牌上。原来陈力的每张纸上相同数量的商品只画了一个，后面是用圆圈来表示数量的……

这是一次对个别幼儿随机生成的教育活动，只有具备专业化水平的教师才能有效把握住教育的契机。通常在面临组织众多幼儿学习时，教师还可以通过另一种专门的预成性操作活动来实现活动的目的。

在组织活动时，教师提供的操作材料应体现数量上的难度层次，以满足不同发展水平的幼儿根据自己的能力来选择材料的需要。

教师关注的重点要看幼儿是否将一样多的实物卡和相同数量的点卡放在一起，而不必要求幼儿再将实物卡按序排列。

(二)认识数字

例如，刚刚上中班的菲菲可以毫不困难地数出 4 只小猫玩具，但却认不出数字“4”，而和她同岁的陈力能读出数字“4”，但让他说出这个数字(指“4”)可以表示什么时则感到困惑不解。

菲菲和陈力两个幼儿的问题,从表面上看起来不一样,但实际上都是对数字的理解困难。而且这还不是菲菲和陈力等个别幼儿的问题,大多数这个年龄的幼儿对数字都不易理解。因此,在设计认识数字的活动时,一定要将数目与数字紧密联系在一起。

有关认识数字的活动可参考以下方法来设计。

1. 体验数字与物体数量的关系,并认读数字

体验数字与物体数量的关系,是设法将抽象的数字与实际的实物数量联系起来,帮助幼儿认识数字的活动。例如,对于像菲菲和陈力那样的孩子,下面的这个活动对他们可能很合适。

教师为菲菲等不认识数字的幼儿和像陈力那样仅认识数字却不理解数字意义的幼儿提供了一种"数物拼板"玩具。那是一种镶嵌式的拼板,上半部分是数字,下半部分是与数字相应的实物(也可以是点子)。教师要求幼儿把相应的数字拼块与物体图拼块镶嵌在一起,允许幼儿用尝试错误的方法来拼,拼好后让幼儿看着拼板下的实物数目读出上方的相应数字,或按上方的数字说出下方的物体数量。例如,数出下面的三只苹果后读出上面的数字"这是三只苹果的 3",或看着上面的数字"3"和下面的苹果说"这是 3,三只苹果"。

2. 建立数字外形与数量的联系

例如,菲菲和几个小朋友在数学区选择了一种数字拼板材料玩起来。这种材料每套包括一张配套的拼板范例图以及数张不同底色的长方形数字拼板(数字是几,拼板就相应切割为几块)。教师让幼儿先按数字拼板的底色将拼板进行分类,然后再拼数字,最后根据每块拼板的分割块数读出数字。例如,由三片拼成的读"3",由四片拼成的读"4"……

上述活动的操作材料是利用了镶嵌或拼图的形式设计而成的,在抽象的数字与物体实际数量之间建立了一种联系,有助于幼儿的自主探索学习。教师在利用这两种材料指导幼儿认识数字时,要充分发挥材料所具有的潜在自学功能。例如,可以鼓励幼儿先猜一猜数字的读音,然后再通过镶嵌或拼合来验证是数字几,使幼儿自己学会认识数字。

(三)体验数字表示的基数意义,并用数字来表征数量

当我们用数字来表示某物体集合的数量时,我们就是在基数的意义上使用着数字。如何帮助幼儿来体验数字的这种能广泛运用的基数意义呢?最好的方法是带幼儿去观察周围的世界,结合日常生活让幼儿找一找什么地方有数字,启发幼儿去了解这些数字所代表的数量意义是什么。

例如,这几天教师要小朋友找找周围什么地方有数字,中一班的陈力毫不费力就在伙房外墙的一块黑板上找到了。他能认出上面少数的几个汉字和数字,在看到"中 1"两个字的旁边,写着"23"时,他念到:"中一、二十三。"这是什么意思呢?他不明白,于是跑回来问教师。教师反问他:"我们班是中几班?""中一班。"教师又让他去数数班上今天一共到了多少

小朋友。陈力在屋里屋外数了一圈，刚好是二十三，于是他恍然大悟："原来黑板上写的是中一班有二十三个人的意思啊。"

用数字表征数量的活动既可作为分类、计数的延伸活动来设计，也可结合测量、棋类等活动来设计。

1."量图形边长"

"量图形边长"是运用数来进一步表征图形边长的活动，适合在中班后期幼儿对各种几何图形有了一定的认识后进行。教师可提供一些几何图形的卡纸或生活中的实物及一些自然测量工具，如回形针、短棒、晒衣夹等；所提供的图形每一条边长要恰好等于测量工具的整数倍；让幼儿沿图形边的外围测量图形的边长，并用数字卡来表示每边测量的结果。

2."走棋"

"走棋"是结合跳棋规则运用自然数的基数意义进行的活动。教师提供棋具，幼儿轮流掷数字骰子，掷到几，就走几步。还有一种玩法是在室外用白灰或颜料画出棋盘，幼儿自己当棋子，每人取一个写有 1～6 数字的纸陀螺，按转动陀螺得到的数字来决定每次跳格子的格数，看谁能最先跳到终点谁就是赢家。

3."数物接龙"

"数物接龙"是利用数物接龙卡开展的游戏活动。数物接龙卡一端是数字，另一端是实物集合，规则是用后一张的数字与前一张的实物集合相接，数字要与实物数量相符。

4."占地盘"

"占地盘"是通过画格子来体验数及比较数的大小的活动。教师可提供一张方格纸及数字骰子，参加游戏者每人选一种颜色的笔，然后轮流掷骰子，掷到几，就在格纸上的几个格子中做记号(如用"\"划去格子)，最后看看谁画过记号的格子多谁就赢了。在幼儿熟悉游戏的规则后，教师还可将此活动延伸为"进位计数"和"数与数的比较"活动。

当幼儿在上述一系列活动中对数字及它们各自所代表的意义熟悉起来后，他们会自发地产生书写数字的需要，这时就可将数字的书写笔顺教给他们。可以先在墙上挂一个大的"数字长条"，让幼儿念出每个数字的同时就来做"书空"练习(即用手指在空中书写)，以后在幼儿进入大班后可考虑提供一定材料让幼儿用笔试着写。教幼儿初学写数字时，教师可将数字放大并在每个数字的起笔处点一个小点，做成 16 开大小的数卡并经过过塑处理。然后就可以让幼儿用粗水笔从每个数字的小点开始落笔来临摹出数字。

二、体验 1～10 自然数数序、数差关系的活动指导

数序是指 1～10 数目或数字的顺序，而数差关系则是指自然数相邻两数之间多 1 或少 1 的关系。

(一)学习按顺序念数词

现在大多数幼儿在没有理解所有的数词之前就已经习得了运用一些数词来计数。幼儿学会按顺序念一些数词是他们掌握计数的基础,但是仅仅"教会"了幼儿进行口头计数还远远不够。其一,幼儿不能通过口头的计数来理解计数的目的。其二,口头计数时,幼儿并不理解"1"的后面为什么就是"2","2"的后面为什么就是"3"。教师不仅要为幼儿提供各种计数的机会,还要为幼儿设计一些把数差与数序联系在一起的活动。

(二)理解数与数之间的关系

教师帮助幼儿感知 10 以内的数差关系和数的顺序,实质是引导幼儿感知、认识在 1～10 的自然数列中,任意相邻两个数的大小关系。

活动设计可遵循"从整体到局部的设计思路",即先引导幼儿从整体上感知 10 以内自然数数列着手,然后再截取该数列中任意一段连续数来判断其数差关系以及前后顺序。

例:"每一层是几块"

巍巍希望给搭好的房子加一座外楼梯,他抱来了许多木砖形积木搭起来。教师在一旁看着巍巍搭,她认为这是帮助幼儿学习数序的一个好机会,因此耐心地等着。只见巍巍在紧靠房子的墙根处将积木一块一块往上垒,当垒到和房子的平台一样高时,他就开始垒外面的一层,并且注意垒得比刚才那一层矮一级……这样一层一层往外搭,搭到从里向外有七层时,楼梯建好了。教师将中一班的小朋友都叫了过来,她先请巍巍从最外面的一层开始向大家报告,在第一、第二、第三层各用了几块积木。巍巍朝楼梯看了看说:"是一块、两块、三块。"于是教师问小朋友:"巍巍搭的第 4 层应该是几块积木?""应该是 4 块。"大家七嘴八舌地说。

教师注意到有不少孩子是从侧面数了第四层积木后回答出来的,但是陈力和巍巍却是一口报出来的。于是她要陈力说说是怎么想的。陈力说:"因为要比 3 块多一块才行啊。"巍巍在一旁也补充说:"这一层如果还是 3 块就不能高出来了。"陈力接着说:"我还知道第五层是 5 块,第六层是 6 块……"

例:"按序盖点"

教师在每套材料中提供了 10×10 的方格纸一张,在格纸的第一列、第二列、第三列分别盖好了一个点、两个点、三个点。她让幼儿观察每列点子比它的前一列多几个点。菲菲说:"第二列比第一列多一个点子,第三列又比第二列多一个点子。""每一列都比前一列多一个点子",陈力抢着说。教师点点头提出了作业要求:"就按这样每一列比前一列多 1 个点子盖出剩下的各列点子,最后再用数卡表示每列点子的数量。"

例:"接数补漏"

教师在每套材料中还是提供了 10×10 方格纸一张,这次她在格纸的若干列上都盖好了相应的点数，只是把少数几列空了出来，如在第二列盖好两个点，第三列盖好 3 个点，第五列盖好 5 个点……她对孩子们说："老师在盖点子时漏盖了几列点子，请小朋友帮忙给补上，"在大家都完成了补点子的作业后，教师请菲菲说一说为什么给第四列补盖 4 个点。菲菲回答说："因为 3 的后面就是 4。"教师觉得菲菲并没有回答出最根本的数差关系，于是接着问："为什么 3 的后面就是 4?""……"菲菲回答不了这个问题，于是教师请陈力回答，陈力说："因为比 3 多一个是 4，所以要盖 4 个点。"……

例："相邻数是几"

教师提供的是相邻数作业单，她要求幼儿根据数列的顺序关系和数差 1 的关系在作业单的空格中盖出相邻数点子（或数字）。陈力与菲菲在完成此项作业时并没有感到有什么困难，可巍巍却感到有些吃力，他把第一张作业单点成了 4、3、2。

（三）体验数字的顺序

由于数字是比数目更抽象的符号，因此，帮助幼儿理解数字的顺序还需借助数目的提示以及口头计数的习惯。由此，下面的"数序拼板"是一款供幼儿研究数序的极好学具，适合给初学数序的孩子使用；而"数字连图"则可以给已具有数序概念的幼儿练习，一方面可以提高他们的学习兴趣，同时也可以巩固他们获得的概念。

(1)"数序拼板"：教师可参照"数物拼板"的镶嵌方法制作"数序拼板"，然后让幼儿按数的顺序将拼板拼好。

(2)"数字连图"：教师可复印一些"数字连图"作业单。画面要简单，只需连接十个点以内的，如小鸡、房子、松树等物体的轮廓；让幼儿按数的顺序画线连图。

在组织幼儿体验数序的活动时，教师可提示有困难的幼儿先找出最小的数字在哪里，而后再根据数的顺序找出其他的数字。

三、理解 10 以内序数意义及基数与序数关系的活动指导

（一）事物次序的表示

引导幼儿理解自然数的序数意义，可以结合日常生活需要让幼儿把物体（或事件）与数词进行"配对"。

(1)利用散步时间带领幼儿到居民小区走走、看看，按某一地址找找第几栋楼在哪里；到停车场去看看，说说第几部车是什么颜色的等。

(2)组织幼儿玩排队游戏：教师有节奏地敲小铃时，大家四散走；铃声一停，大家立刻要按小组排成若干个"一"字队形，然后通过报数说说自己排在小组第几个。

(3)让幼儿将各种物体排为一排，然后说说第几个是什么物体，并用一个数卡来表示该物体的位置。

(二)基数与序数相联系的活动

对于数的基数意义与序数意义的转换,幼儿往往感到难以理解。

例如,巍巍在将实物卡进行排序时,如果拿到的是一套从数量1开始的卡片,就能很顺利地从最少的数排到最多的数。但当他拿到的是一套从2或者是3开始的卡片,他就会感到无从下手。在他的头脑中,存在着一个误区:没有1是不可以的,没有1当"排头",2排在哪里呢?于是3也就没法排了。

下面介绍两个活动,也可以有效地帮助幼儿来理解基数与序数的不同。

1."钱盒子"游戏

教师让每个幼儿取一个纸制投币盒(可折一只纸盒并剪一道槽口自制而成),又让幼儿每人取5~10个雪花片,每次投一个,一边投一边数:"一、二、三、四……"投完以后,请他们说一说自己的盒子里有几个雪花片。陈力每次都能自信地回答出有几个雪花片,而巍巍却显得很犹豫,每次说出有几片后还不放心地要掀开盒子重新数一遍。

2."花片排序"

教师提供了同形状的塑料花片(同形状的纽扣也行),每套花片有5种颜色,各色花片的数量分别为2、3、4、5、6,或3、4、5、6、7不等;花片排序板一块,板中有5个框条,各框条的宽度以花片直径为准,高度以每种颜色花片累加数差1递增,如第一列为两个花片高,第二列为三个花片高……;每套材料的数字卡都是1~5。

教师要求幼儿先把花片进行分类,再按各色花片数选择一个合适的框条进行排列,每个框条的花片必须是一种颜色,最后将1~5的数卡依次放入排序板下面的方格中表示从第一列到第五列。最后,引导幼儿运用多种方式来进行表征。例如,引导巍巍用语言表征——说出第几条里有几个花片;请陈力和菲菲等小朋友自选图式表征(如画出第几条里的几个花片)或符号表征的方式,即用数字符号表征第几条里有几个花片。

四、领会10以内数的分合加减意义的活动指导

(一)数的分合活动

例如,菲菲想把7个果冻分一部分给陈力吃,她盘算着该给陈力几个,自己可以留下几个的问题。她找来两个盘子,把7个果冻反复分进两个盘子里,结果她发现竟然有好几种不同的分法,而且无论怎么分也无法做到平均分配。

例如,陈力和巍巍用同规格的两种颜色积木铺小路。陈力用了3块红的、4块蓝的,巍巍用了5块红的、两块蓝的,他们为谁铺出来的小路更长一些争论不休。菲菲跑过来建议他们把两条小路移到一块儿比一比,陈力和巍巍接受了这一建议,结果他们惊讶地发现,两人铺出的小路是一样长的。

1. 分与合的经验积累

数量“5”是幼儿开始学习数分合的一个适中的数目。

例如，教师让每个孩子取 5 个花片，然后问孩子们：“把 5 个花片分成两份可以怎么分?”菲菲扒拉了一会说：“5 个花片没法分。”巍巍说：“我把它们分成 2 和 2，把多出来的一个送回去不要了。”这时陈力慢吞吞地说：“我把它们分成了 2 和 3。”菲菲和巍巍这才明白，原来可以将 5 个物体做不等份的分解。于是他们不一会又发现，除了可以把 5 分成 2 和 3，还有其他好几种分解的方法呢。

2. 领会数的分解规律

在幼儿学习 5 以内数的分合经验基础上，从学习 6 的分合开始，教师就应引导幼儿进入一个新的规律性学习之中，这就是要帮助幼儿归纳先前分合学习的经验，解决下列几个问题：

①每个数的分合顺序是怎样的?

②每个数的分合方法各有几种，和它自身比有什么规律?

③2、3、4、5 四个数分合方法的递增规律是什么?

首先，教师以 4 为例，让幼儿各自写出 4 的三种分合方法，并比较谁写的三种方法有顺序。

其次，教师让幼儿按有顺序的分合方法分别写出 2、3 和 5 的分合式，并依次回答 2、3、4、5 的分解方法各有几种。她问大家：“2 有一种分法、3 有两种分法、4 有三种分法、5 有 4 种分法，那么 6 有几种分法呢?”(如图 5－1 所示)此时陈力、菲菲和巍巍都已领会了其中的规律，大家脱口而出说：“6 有 5 种方法。”

2	3	4	5
∧	∧	∧	∧
1　1	1　2	1　3	1　4
	2　1	2　2	2　3
		3　1	3　2
			4　1

图 5－1　数的分法

再次，教师指着上面四列分合式的第一组分法逐一问幼儿：“2 有一种分法，比 2 本身少 1，3 有两种分法，也比 3 本身少 1，那么 4 的分法、5 的分法比它们本身怎么样?”巍巍已经看出来了，于是他高兴地说：“都比本身少 1。”教师冲巍巍点了点头，然后作小结：“每个数的第一组分法是由 1 和比它本身少一的那个数组成的。”接下去她又问：“想一想，6 的第一组分法应是几和几?”“当然是1和5了。”大家异口同声地说。教师见大家已得出了6的第一组分法,于是要求幼儿根据前面得出的规律,自己推出6的所有分合方法。

3. 掌握数的分合关系

当幼儿已能熟练进行10以内数的分合后,教师又要再一次打破他们的认知平衡,把他们带进新的学习任务之中,即脱离按规律分合的思路,引导幼儿根据数分合的包含、互补、互换的关系,随机填出某一数的分合总数或其中一个部分数,掌握数的分合关系。

例如,教师提供了若干数的分合作业单让幼儿填空。对有困难的幼儿,则仍给他们提供各分合练习的操作材料,允许他们通过实物操作来解决填空问题。

(二)10以内数的加减活动

1. 体验加减法含义

帮助幼儿理解加减法的含义是整个加减学习阶段的主要任务。

(1)通过生活中的实例来体验加减法含义

例如,教师安排了一次合作劳动——两人一组擦茶杯。她要求每组幼儿擦完茶杯后,要在一张登记表上记录三个数字:自己擦的杯子数、同伴擦的杯子数、小组(两人)擦的杯子数。菲菲看看自己已经擦好的3个杯子,又瞟了一眼陈力面前的4个杯子,然后在纸上写下了“3”和“4”,然后念念有词地说:“3个杯子加4个杯子是7个杯子。”当她刚写下“7”后,忽然又不放心地问陈力:“是7个杯子吗?”陈力把自己的杯子与菲菲的杯子合到一块,认真点数了一遍后确认:“没错,是7个杯子。”

(2)迁移已有操作活动的经验来理解加减法含义

幼儿所学的加减就是一种形式的数分合运算,只是幼儿现阶段的思维发展还不能达到洞察数分合与数加减之间的水平。只要把幼儿前面玩过的“走棋”“接龙”“合起来是几”“实物填补数”等活动规则稍加改变,就可成为有效帮助幼儿理解加法含义的活动了。

例如,玩“走棋”时,让幼儿改为按两个骰子掷出的总数走。玩“接龙”时,规定相接的两个数加起来必须是一个预先商定的数即可。使幼儿在反复操作中领悟“合起来”与“相加”、“填补数”与“推测另一加数”的同一性。

另外,我们还可以增加一些专门的加减操作活动,如下面的这个活动,游戏性和头脑运算密度也很强,对那些喜欢竞争比输赢的幼儿来说,具有一定的吸引力。

例如,教师告诉幼儿,这个好玩的游戏叫“盖得数”,需要两个人一起玩。接着她拿出了一块写有数字的得数板,让菲菲和陈力轮流用两个骰子来掷得数。菲菲选择了做加法,她用两个一样大的骰子来掷,而陈力选择的是做减法,教师要他用一大一小两个骰子来掷。菲菲用掷得的两个骰子数的和去盖得数板上的数,陈力则用一个大骰子上的数减去一个小骰子上的数,算出差再盖得数板上的数。这样一来二去,板上剩下的数字越来越少,菲菲和陈力都要轮流几次才能再盖掉一个数。教师担心他们会失去兴趣，建议就此结束。可菲菲和陈力早已杀红了眼，正欲罢不能呢，最终还是由菲菲盖完了最后一个数字，可双方清点“战场”时，却发现陈力比菲菲多盖了一个数字，所以赢家还是陈力。

2. 学习列加减算式

幼儿初步掌握了实物口头加减运算后，就可以提出如何把运算过程用简单的符号记录下来的问题。教师可借此引入“加号”“减号”“等号”的表示方法，教幼儿用算式将活动的过程和结果记录下来。

例如，巍巍学会了玩“纸球投篮”的游戏，教师让他每投完手中的若干纸球后就去做一记录。一会儿，他手里拿着记录纸来找教师了。教师只见他的纸上写着：10、7、3，就问他是什么意思。巍巍说：“我有 10 个纸球，投中了 7 个，有 3 个没投中。”教师告诉巍巍，有一种算式可以表达你说的意思，于是在他的纸上写下了 10－3＝7。巍巍按老师的算式重新做了一遍解释：“我有 10 个纸球，去掉没投进的 3 个球，我投中的是 7 个。”

3. 学习编应用题

设计和组织这一类活动可以按下列步骤进行。

第一，教师可利用有数量关系变化的三幅图引导幼儿理解题意，可向幼儿指出三幅图讲的是同一件事，然后通过提问：“有谁？在干什么？是怎么干的？”引导幼儿给每幅图小结成一句话（即说出题意）。例如，“东东抹了 3 张桌子，东东又抹了 2 张桌子，东东两次一共抹了 5 张桌子。”教师可以让幼儿反复套用这一句式来说说自己或同伴在生活、游戏、劳动等活动中的事情，以此让幼儿了解应用题的基本结构。

第二，教师示范如何提出问题，引导幼儿比较疑问句和陈述句的区别，如引导幼儿听下面两句话的区别：“东东一共抹了几张桌子？”和“东东一共抹了 5 张桌子。”使幼儿明白疑问句中没有问题的答案，然后让幼儿模仿提问。教师还可以说出题目的两个条件，请幼儿尝试提出一个问题将应用题补充完整。

第三，教师可让幼儿自己看图编题或自由编题。让幼儿两两一组，一人出题另一人答题，最后两人一起写出所编题目的算式。

【单元小结】

数的概念是数学的基本知识，也是幼儿园数学教育的主要内容。本单元介绍了幼儿认识数概念的发展特点，以及幼儿认识数概念的教育要求，最后详细介绍了数概念教育的设计与组织。

【思考题】

1.幼儿认识数概念有哪些发展特点?

2.幼儿认识数概念的教育要求是什么?

3.设计一个幼儿认识10以内数的活动方案。

4.设计一个幼儿10以内数运算的活动方案。

【数学活动实例】

数学活动实例一

活动名称

春天来了

活动目标

1.通过活动感知4以内的数量。

2.学习口手一致地点数并说出总数。

3.体验数学活动的乐趣。

活动准备

1.春天背景图一张,1个春姑娘,2朵花,3只小鸟,4只小白兔,1～4的数卡,三只礼品盒(内有二个娃娃,三本图书,四只乒乓球)。

2.幼儿人手一份1～4的点卡。

活动过程

1.看一看

教师:春天到了,春姑娘来了(出示背景图)。我们来看一看有几个春姑娘(1个),一个春姑娘的好朋友是数字1(出示数字1)。花儿也开了(出示花),我们来数数有几朵花,要求幼儿口手一致地点数(2朵),2朵花的好朋友是数字2(师出示数字2)。小鸟也飞来了,我们一起来数数有几只小鸟,要求幼儿口手一致地点数(3只),3只小鸟的好朋友是数字3(出示数字3)。小白兔也到草地上来做游戏了,数数有几只小白兔(4只),要求幼儿口手一致地点数(4只),4只小白兔的好朋友是数字4(出示数字4)。

2.摸一摸

教师出示三只礼品盒:春姑娘给我们带来了三只礼品盒,请小朋友上来摸一摸盒子里是什么?请个别幼儿上来触摸感知,其余幼儿一起验证。

3.动一动

游戏:听音乐找点卡。

教师:老师为小朋友每人准备了一份点子卡片,请小朋友竖起耳朵仔细听,老师拍了几下铃鼓，你们就找出几的点子卡片。

4. 结束活动：游戏“老狼老狼几点钟”

教师：当听到“天黑了”，请小朋友看清老师手里的数字，就找几个好朋友变成石头，这样就不会被老狼抓到了。

活动延伸

继续探索教室内、家中 4 以内的物品，巩固按物数数的方法，并说出总数。

数学活动实例二

活动名称

找号码

活动目的

1. 引导幼儿正确感知 10 以内数，比较 10 以内数量的多少。

2. 启发幼儿能根据图形的标记变化进行数数，培养幼儿观察、分析、比较的能力。

活动准备

1～9 的数字每人一份、小猫的图形拼图照片一张、教师操作数字卡两套(1～9)。

活动过程

1. 今天森林里要开一个动物联欢会，老师想请一些小动物来参加，你们说好吗？但是老师忘记了小鸡的电话号码，你们愿意帮助我吗？小鸡的电话号码前 4 个是 2468，后面的数比前面的按顺序都要大 1。(24683579)这就是小鸡的电话号码。我们来打电话，好像通了，真的通了，您好！是小鸡吗？(是的)今天森林里要开一个动物联欢会，请您来参加好吗？(好的，一会就来)我们猜对了。

2. 小鸭原来的号码是 94485521，可现在换了，黑色的数字要比原来的少 1，红色的数要比原来的多 1。(85396412)我们来打打看，好像通了，真的通了，您好！是小鸭吗？(是的)今天森林里要开一个动物联欢会，请您来参加好吗？(好的，一会就来)我们又猜对了。

3. 小猫的电话号码是在它的这张照片里。

第一个号码是胡子的根数：4 根。第二个号码是眼睛的只数：2 只。第三个号码是尾巴的根数：1 根。第四个号码是棕色的花纹块数：5 块。第五个号码是小猫身上的正方形的口袋个数：3 个 。第六个号码是椭圆形的个数：7 个。第七个号码是三角形的口袋个数：8 个。第八个号码是小猫耳朵上的三角形个数：6 个。请小朋友把小猫的电话码说一次。(拨电话)

4. 小狗的电话号码有这么多的数字：57298613。它是按从大到小的顺序。(拨打电话)

5. 我们的客人都来了，联欢会开始了。听教师的口令：比 3 少 1 的数，幼儿两个手拉手一起跳舞。

6. 今天的联欢会结束了，我们回家吧。

数学活动实例三

活动名称

计算活动《数学宫》

活动目标

1. 在游戏活动中复习10以内的数概念(数的形成、数数、认数字、比较数的大小和数序等)。

2. 训练幼儿思维的正确性、敏捷性。

活动准备

几何图形片10张,红、黄、蓝三色的几何图形板长方形、三角形、半圆形(上有红、黑、绿三种颜色写的1、10的数字各一个),数字牌每人一块。

活动过程

师生进入数学宫

游戏一:做得对又快(复习10以内数的形成、数数)

1. 目测几何图形的个数并做动作。

2. 添上或去掉1后做动作,如看到8块图形就做9或7的动作。

游戏二:踏得对又快(复习10以内的数字、比大小)

在地上任意放置图形,幼儿按要求找到图形数字,用脚踏上去。教师可提出各种各样的要求,如踩三角形上的红颜色数字;踩比3大、比7小的黑颜色的数字。

游戏三:排得对又快(复习10以内的数的排列和分类)

1. 按图形的形状不同将数字按从大到小的顺序排列。

2. 按图形的颜色不同将数字按从小到大的顺序排列。

游戏四:比得对又快(复习10以内数的大小、数序)

1. 每一幼儿胸前挂一个数字牌,在乐曲声中找一位好朋友,找到朋友后两位幼儿比较数字的大小:数字大的幼儿站着做动作,数字小的蹲下做动作,数字一样大的相互拥抱做好朋友。

2. 要求幼儿迅速按胸前数字依次从大到小排队,做动作走出数学宫。

数学活动实例四

活动名称

"7"的组成

活动目标

1. 通过尝试,操作学具,让幼儿感知将7分成两份,有6种分法,并作记录。

2. 通过讨论、分析,理解一个数分成两个部分,如一个部分增加1,另一个部分就要减少 1。

活动准备

塑料小鸭学具人手 42 只。

活动过程

一、复习 6 的组成

玩“碰球”游戏，出现数卡，教师：这数是几？答：6。教师：我的 1 球碰几球？答：你的 1 球碰 5 球。教师问，小朋友可集体回答，可小组回答，也可个别回答。

二、集体尝试活动

出现小狗、小兔家的图像。

教师：今天小狗请几只小鸭到它们家作客？（幼儿答：7 只）小兔也请小鸭去作客，怎么办呢？（幼儿答……）请小朋友在桌上拿 7 只小鸭，分成两份，一部分到小狗家，一部分到小兔家，（小朋友操作）要求小朋友分的数与别人不一样。（第一次尝试）

教师请幼儿回答，你是怎么分的，幼儿回答。教师操作，请小鸭到小狗、小兔家，并列出分合式。幼儿回答一种，教师列出一种，共写出 6 个分合式。

教师：分成两份，共有几种分法？答：共有 6 种，集体朗读 7 的分合式。

教师：刚才小朋友每人分一种，但是 7 有 6 种分法，小朋友再试试你能否分出 6 种。幼儿操作“塑料计算小鸭”，教师把黑板上的分合式擦掉。（第二次尝试）

教师：现在我请小朋友来告诉大家，你是怎么分的。幼儿回答，教师在黑板上写出 7 的分合式。教师请幼儿回答时要注意请有代表性意见的，一是有重复的，实际没有 6 种；二是虽有 6 种，但没有按顺序分；三是有顺序地分清 6 种。请幼儿看看，这三种分法，谁的方法好，谁的对。幼儿通过讨论，明确按顺序分的方法好。

教师把黑板上的分合式全擦掉，请幼儿在作业纸上写 7 的 6 种分合式。（第三次尝试）

教师：7 可以分成？幼儿答：7 可以分成 1 和 6。

教师：7 可以分成？幼儿答：7 可以分成 2 和 5。

教师：2 比 1？幼儿答：2 比 1 多 1。

教师：5 比 6？幼儿答：5 比 6 少 1。

用这种方法讲清 7 的 6 种顺序分法，最后得出结论：7 分成两份，这边增加 1，那边就减少 1。

数学活动实例五

活动名称

数学活动“学习 1～5 的序数”

活动目标

1. 通过一系列的游戏活动，让幼儿认识序数第一至第五。

2. 发展幼儿思维的逻辑判断能力。

活动准备

1. 创设超市小货架的环境。

2. 动物及其食品小图片、房子图、笔等。

活动过程

(一)通过游戏“为小动物买礼物”理解序数。(序数可以从不同的方向数，并且从不同的方向数得出的结论会不同)

1. 自由探索：

(1)引导幼儿以“到动物食品超市为小动物买礼物”的游戏形式到“超市”购物。(要求记住在什么颜色的货架上买到货物的)

(2)请个别幼儿告诉大家在什么颜色的格子里买到货物，并请其他幼儿猜一猜他是在第几个格子里买到的东西。

2. 交流讨论：

(1)教师：为什么买同样的东西会得出不同的结论？

(2)教师引导幼儿发现序数可以从不同的方向数，并且从不同的方向数得出的结论会不同。

(3)幼儿分组交流：讲讲自己是从哪个方向数第几格中买的东西。

(二)游戏“给小动物送礼物”，巩固认识序数。

1. 以“将超市买到的东西送给小动物”引题。

2. 引导幼儿观察小动物的房子有几层，每层有几个房间。

3. 教师请一个幼儿说说买的东西(动物食品)是给谁吃的，它住在房子的哪一层、哪一个房间，并认识房间号如第一层第五间用“1～5”表示。

4. 幼儿分组操作：将食品礼物送给小动物。

(1)要求将小动物的房间号写在礼物卡上，然后送到房间。

(2)引导幼儿互相检查并纠正操作结果，教师巡视指导。

数学活动实例六

活动名称

统计图表

活动目标

1. 会给“鞋”分类并设计相应的标记，学习按标记在相应的图表上进行分类统计。

2. 尝试用图表统计的方法比较多少，感受图表统计的好处。

活动准备

1. 知识准备：开展有关“鞋”的项目活动，对鞋子的名称、款式和制作材料有初步的经验。

2. 教学具准备：幼儿每人一双拖鞋、凉鞋、球鞋、皮鞋；幼儿和教师用的空白统计图表、笔。

活动过程

一、分类摆放鞋子并作标记

1. 教师引导幼儿将鞋分类摆放。

“你们今天穿的是什么鞋？”“请你们将相同的鞋子放在一起。”

2. 检查分类摆放的结果是否正确。“你们是怎么放的，是不是把相同的放在一起了，有没有放错的？”

3. 设计鞋子的标记。教师出示空白的统计图表，“请大家给每种鞋子设计一个标记，将标记画在表格最上面一排空格里。想一想可以用什么标记来表示”。

幼儿绘制鞋子的标记。

二、按标记统计鞋子的数量

1. 教师提出记录要求。“请大家数一数每种鞋子有几双，然后在这种鞋子标记下的空格内用符号记录下来。一个符号表示一双鞋，一个空格里只能画一个符号，有几双鞋就画几个符号”。

2. 幼儿操作，教师指导。

3. 讲评并展示幼儿的统计图表。教师和幼儿共同来检查记录的格式、数量是否正确。

三、讨论统计图表的用处

1. 教师手指幼儿的一张正确的统计图表，提问：“谁能不数就一眼看出哪种鞋最多、哪种鞋最少？为什么？”

“你从什么地方看出来的？”（多的鞋子占的格子多、队伍排得长）

2. 引导幼儿了解统计图表的用处。“在生活中我们经常使用统计图表来记录，帮助我们了解更多的事情。我们一起去找找，看看哪里还用到统计图表？它们记录的是什么事情？”

活动延伸

1. 教师引导幼儿调查身边熟悉的事物并进行分类统计。例如，自己身高、体重、视力的变化，班里男孩和女孩谁多谁少等。

2. 幼儿收集各种形式的统计图表，并布置在教室里，相互介绍。教师引导幼儿了解统计图表在生活中的用处。

数学活动实例七

活动名称

有趣的数数

活动目标

1. 在游戏中引导幼儿探索、发现排列成封闭状物体的数数方法，初步积累相关数数的经验。

2. 发展幼儿思维的准确性、灵活性，激发幼儿参与数学活动的兴趣。

活动准备

1. 连线纸、水彩笔人手一份。

2. 鸡蛋、鸭蛋、鹅蛋、鸟蛋图片若干。

3. 摆放成封闭式的平面鸡蛋、鸭蛋、鹅蛋、鸟蛋若干张。

4. 数字卡片。

活动过程

一、引起幼儿兴趣、交代主题，活动导入

1. 游戏“连线找客人”

“今天我们这里来了四位神秘的客人，只要把卡片上的点子按数字从小到大的连起来，就可以知道了。”

2. 幼儿连线，教师将幼儿作品贴在黑板上。

今天来的客人是谁？（一起说一说）

小动物们说：小朋友，你们知道谁是我的妈妈吗？请你们帮帮忙，把我们的妈妈找出来吧！（出示相应的动物妈妈图片）

二、配　对

妈妈们说我们都有一个共同的本领（下蛋）。

教师出示鸡蛋、鸭蛋、鹅蛋、鸟蛋，幼儿配对，将蛋放在动物妈妈的身边。

三、数鸭蛋

1. 教师出示鸭蛋图片，请你数一数有几个鸭蛋。

2. 发现问题，引导幼儿想办法解决。

为什么有的孩子会数错呢？怎样数才能数清楚呢？教师总结并示范数数（出示数字）。

我们只要想办法记住第一个数的鸡蛋，再数到它的时候就不要数了。我们要怎么样才能记住第一个数的蛋呢？

四、幼儿尝试封闭式数数

1. 幼儿按意愿选择不同的蛋进行数数。

2. 请小朋友选择一种你要数的蛋蛋。想想看有什么好办法可以数得又快又对。老师给你们准备了水彩笔和贴纸，如果你们需要是可以用的。

3. 小结交流数数的经验。总结时，出示数字卡片。

4. 比比谁数得蛋最多。

五、游戏“母鸡孵蛋”

交代游戏规则：音乐开始的时候，沿着蛋蛋走圆，走的时候脚步要轻，不能踩到鸡蛋。音乐一停，找一窝蛋孵小鸡，并数数你一共孵了几个蛋。

数学活动实例八

活动名称

认识单、双数

活动目标

1. 进一步认识并区分10以内的单、双数。

2. 能进行有根据的猜测，并会用一定的方法验证猜测的结果。

活动准备

教具：1～10的点卡、笔，《幼儿用书》人手一册。

活动过程

一、复习点卡是多少。

二、认识单、双数。

1. 出示点卡4、5，请幼儿来给点子两两画圈找朋友，看看是不是每个点子都有朋友。

2. 教师再出示点卡，请幼儿判断它是单数还是双数，并通过画圈找朋友的方法验证。

3. 鼓励幼儿猜猜其他数是单数还是双数，并与同伴进行交流，说出自己的理由。

三、小组操作活动。

1. 引导幼儿观察实物、圆点和数字，读一读数量，并给单数打“√”。

2. 目测实物数量，请给单数图片涂色，并在双数小动物身上打“√”。

3. 依样填空格，请你在双数格子旁打“√”。

4. 观察花环上的数字，请你在双数花朵上涂上你喜欢的颜色。

5. 练习书写数字3、4。

活动评价

1. 展示幼儿的操作材料，请幼儿说说操作过程，对正确区分单、双数的幼儿进行表扬和鼓励。

2. 身体上的单、双数。引导幼儿在自己身上找一找哪些东西是单数，哪些是双数。

在上次数学活动中，幼儿对数学内容的掌握并不是很好，但经过几天的复习巩固，今天幼儿在活动中对单、双数的理解明显有了一定的提高，活动中幼儿积极了很多，发言的小朋友也多了。

第六单元　幼儿认识几何形体和空间概念的活动指导

【学习目标】

1.了解幼儿认识几何形体和空间概念的发展特点；

2.理解幼儿认识几何形体和空间概念的教育要求；

3.掌握幼儿认识几何形体和空间概念的相关知识和关键经验；

4.应用幼儿认识几何形体和空间概念的活动要求，设计相应的数学活动方案。

模块一　幼儿认识几何形体和空间概念的发展特点

一、几何形体概念的发展

形状是物体的一种空间存在形式，而几何形体是对客观物体形状的抽象和概括，它包括平面图形和立体图形(即几何体)。幼儿认识几何形体，对于他们空间概念的形成具有促进作用。但幼儿对几何形体的认识受其空间知觉的影响，表现出明显的年龄特点。

(一)幼儿感知几何形体的特点

幼儿对几何形体的认识是从感知开始的。在实际生活中，幼儿积累了他们对几何形体的最初的感知经验。

心理学的研究表明，幼儿认识物体的形状不只是在视觉感知过程中实现的，同时也通过触摸的动作，并借助语言表达来实现。多种分析器的协同活动促进了幼儿对物体形状更准确的感知。通过对幼小儿童在感知物体形状时眼睛的运动和手的动作的研究发现，3 岁左右儿童感知几何形体的水平较低，他们经常只局限于匆忙的视觉运动，眼睛只注意图形的内部，好像只在观察它的大小，因此不能准确地确定形状；5 岁幼儿的视觉才开始注意到形状的最典型部分；6～7 岁儿童逐渐形成沿图形轮廓转动眼动模式，好像是在按其形状制作模型，从而保证其对形状的确切认知。

在运用视觉感知物体形状的同时，幼儿的触摸觉也在积极地参与。研究发现，3 岁儿童手的动作更类似抓握；4 岁儿童逐渐出现了手掌和手指前部表面的积极触摸运动；5～6 岁的儿童可用两手触摸物体，两手相向或分开运动，并开始用指尖触摸，观察图形的整个轮廓，好像在照着物体的形状制作模型。

总之，幼儿在感知和辨认形状时，采用了不同的表征形式，既有动作的表征，又有形象和语言符号的表征，而手和眼的相互作用促进了儿童对物体形状的更准确的知觉。

（二）幼儿认识几何形体的特点

幼儿在认识几何形体时，表现出明显的先后顺序。如对平面图形的认识中，首先认识的是圆形、正方形和三角形，然后认识长方形、椭圆形、梯形、菱形等；对立体图形的认识顺序是球体、圆柱体、立方体、长方体。而且幼儿在认识立体图形时，易和平面图形相混淆。

（1）小班。小班幼儿能正确认识圆形、正方形和三角形。但他们不是从这些形状的特征来认识，而是将其和自己日常生活中熟悉的物体相对照，所以有的幼儿会把圆形说成是“太阳”，把三角形说成是“小旗”等。

（2）中班。中班幼儿能够正确认识的平面图形更多，如长方形、椭圆形、梯形、菱形等，而且能理解平面图形的基本特征（角和边的特征），并可根据特征比较不同的图形。

（3）大班。大班幼儿已能够理解一种图形的典型特征，并在头脑中形成某种图形的“标准样式”，从而能够根据图形的特征进行正确判断。大班幼儿还开始认识一些基本的几何体，做到能正确命名并知道其基本特征。

了解幼儿学习数学的心理特点和幼儿数学概念发展的特点，为我们合理科学地组织和实施幼儿园数学教育活动提供了理论依据。

二、幼儿空间概念的发展特点

空间和时间一样，是客观物质存在的形式。任何物质都存在于一定的空间之中，并且和周围的其他物体存在着空间上的相互位置关系，也就是空间方位关系，一般用上下、前后、左右等词语表示。可见，空间方位是一个关系概念，上下、前后、左右都是相对的。对物体空间方位的辨别，必须以一定的参照物为标准，且根据不同的参照物，就会得到不同的结果。我们平时在判断空间方位时，实际上会采用两种参照系：一是以主体为参照，判断客体相对于主体的空间位置关系；二是以客体为参照，判断客体相互之间的空间位置关系。

（一）幼儿空间概念的一般特点

幼儿在理解空间概念时必须从一个相对的关系来认识，这对于思维还不具有相对性的幼儿来说是有困难的。幼儿的空间概念总的来说是从以自我为中心逐渐过渡到以客体为中心的。

研究表明，儿童在认识空间方位关系时，首先把不同的方向与自己本身的一定部位相对应，建立了以下类型的联系：上边是头，下边是脚，前面是脸，后面是背，右面是右手，左面是左手。在儿童判断空间方向的过程中，是以自己的身体为出发点的。在此基础上，幼儿逐渐能做到以客体为中心区分空间方位关系。但由于幼儿思维具有自我中心状态，他很难站在别人的立场上思考问题，因此这种能力（尤其是以客体为中心判断左右）在幼儿时期是很不完善的。

（二）幼儿空间概念的发展

幼儿空间概念的发展，既表现为他们认识空间方位时明显的顺序性，也表现为他们辨别空间方位区域的扩展。

（1）小班。幼儿能够辨别上下，开始学习辨别前后。但他们所能理解的空间方位的区域十分有限，仅限于直接感知的范围内，如自己身体的部位，紧挨自己或靠近自己的身体，离自己不太远且正对自己身体的物体等等。对于不是正对自己身体的物体，他们就不能正确地辨别了。

（2）中班。中班是幼儿空间概念快速发展的时期，他们能够辨别前后，并且开始学习以自身为中心辨别左右，能够辨别离自己身体比较远的物体和稍微偏离上下、前后、左右方向的物体的方位。

（3）大班。大班幼儿能够正确辨别上下、前后，他们能把空间分为两个区域，或者左和右，或者前和后；还能把其中一个区域分成两个部分，如把前面分成前面的左边和前面的右边。但是大班幼儿还不能完全做到以自身为中心辨别左右，更不能以客体为中心辨别左右。

模块二　幼儿学习几何形体与空间概念的意义

客观世界中的各种物体不仅在形态上表现出区别于其他事物的独特性，而且还在空间存在形式上表现出基本的拓扑空间关系。皮亚杰关于儿童认识空间的实验研究认为，学前儿童最初的空间概念正是拓扑学里的空间关系，然后才是欧氏几何和投影几何，这说明儿童的空间概念和几何概念是紧密联系的。

一、拓扑空间关系与空间知觉

（一）拓扑空间关系

什么是拓扑空间关系？这里需要先简单介绍一下拓扑学。拓扑学是数学的一个分支学科，它是研究空间形式不变性的科学。在拓扑几何中，图形在形状上是柔性的，把三角形、正方形的角压进去就都变成了圆形，因此，我们原先在欧氏几何中认为各不相同的圆形、正方形、三角形，在拓扑学中都是等价的封闭图形。

在拓扑学中存在着四种基本的空间关系：邻近关系、分离关系、次序关系、包围关系。用人脸五官的位置来理解，则眼睛和鼻子、鼻子和嘴巴的关系都是邻近关系；眼睛和嘴巴因鼻子而分离，所以它们是分离关系；眉毛、眼睛、鼻子、嘴巴自上而下顺序排列存在着一定的次序关系，且不能相互颠倒；而五官被脸庞的曲线包围起来则是包围关系。其实，不仅人的五官位置是如此，只要稍稍留意一下我们周围的物体，都不难发现事物与事物之间的这四种关系比比皆是。

就拓扑学来说，无论把图形做怎样的拉扯或压缩，图形原来的空间关系不会改变。这就像一团元宵面包着一团豆沙馅，无论你把元宵搓成个鸭蛋形还是一个桃子形甚至将它压成饼子，馅可能也会随着挤压而变形或移动位置，但面包着馅的拓扑关系不会改变。

（二）空间知觉能力

这里提到的空间知觉，在认知心理学家看来，包含着广泛的含义以及很多具体的能力。例如，霍夫（Hoffer）就提出了人的七项空间知觉能力：

1. 手眼协调能力，例如，连接各点成线以画成图形，在迷宫里顺着路径描绘路线，描绘图形的外缘或给一个部分着色，仿立体图形堆积木等能力。

2. 图形——背景知觉的能力，即从背景中分辨前景的能力。

3. 知觉恒常能力，如：辨认相似和全等的图形，依大小排列图形的能力。

4. 空间位置知觉能力，即认识空间中的物体和自己的方位关系（上下、前后、左右），以及图形的移位、倒转、翻转的能力。

5. 空间关系知觉能力，即认识空间物体的彼此方位关系的能力。

6. 视觉分辨能力，即指认物体间相似或相异的能力。

7. 视觉记忆能力，即回忆已不在视线内的物体的能力。

由此，我们可以知道，空间知觉不仅包括了传统认为的对方向定位的知觉（如空间上、下、前、后、左、右方向的定位）；对距离的知觉（如对物体位置的远近判断）；对图形辨认的知觉等，还包括了对二维（平面）图形、和三维（立体）图形更深入一步的有关图形之间的关系和图形变化结果的洞察和直觉。

空间知觉不是生而有之，而是在幼儿的生活经验中发展起来的。专门感知空间的分析器是不存在的。运动觉和视觉在空间知觉形成发展中起着特殊的作用。如行走动作对距离知觉有重大影响，手的触摸觉对估计形状大小等也起着很大作用。

二、几何形体（平面图形与立体图形）

如果我们仅抽取物体的形状、大小，而略去物体的其他特征，这样的物体就称几何形体。几何形体是人们用来确定物体形状、大小的标准形式，它概括地反映着物体的最一般形态。我们要介绍给幼儿认识的几何形体包括平面图形和立体图形两大类。其中平面图形是由同一平面内的点、线、面所构成的图形，如圆形、正方形、三角形、长方形、椭圆形、梯形等。立体图形则是由空间非同一平面内点、线、面及其组合而成的图形，如球体、圆柱体、长方体、正方体等。几何形体中的点没有大小，线没有长短、粗细，面没有厚度，体是指形状大小。点、线、面、体四者的关系是线与线相交于点，面与面相交于线，体由面包围而成。各种图形都有相应的定义来确定：

圆形：即平面内与一个定点的距离等于定长的点的集合。这些点围成了一个封闭的曲线。如瓶口、碗口、圆盘、车轮等物体的轮廓。

三角形：是由三条线段围合而成的封闭曲线。其中若按角的特征来分，可分为锐角三角形、直角三角形、钝角三角形；若按边的特征来分，又可分作不等边三角形、等腰三角形、等边三角形。如乐器中的三角铁、测量工具中的三角尺、房屋山墙上部的房顶等物体的轮廓。

正方形：是有一个角是直角且有一组邻边相等的平行四边形。如方手帕、方瓷砖、方桌面、方画框、方窗框等物体的轮廓。

长方形：是有一个角是直角的平行四边形（两组对边分别平行的四边形）。如通常见到的书、门、长纸盒、长桌面等物体的轮廓。

梯形：是只有一组对边平行的四边形。其中有等腰梯形和直角梯形之分。如梯子的外形、大堤横截面的轮廓等。

正方形、长方形、梯形都属于四边形。

椭圆形：是指在平面内，到两个定点距离之和等于常量的点的集合。椭圆形也是由封闭曲线围成的。如椭圆形的镜面轮廓、玩具火车的椭圆形轨道的形状、鸡蛋鸭蛋的投影形状等。

球体：是以一个半圆的直径为轴旋转所得的曲面围合成的几何体。如各种皮球、玻璃球、望远镜中看到的星球等。

圆柱体：是以长方形一边所在直线为轴转一周形成的由面围合而成的几何体。其展开图是两个圆和一个长方形。如建筑物的圆柱、圆柱体的饮料罐、柱形的擀面杖、笔杆等。

长方体：即底面是长方形的直平行六面体（底面是平行四边形且侧棱和底面垂直的平行六面体）。其展开图为六个面都是长方形或四面是长方形，两面是正方形。如各种包装盒、箱子、砖块、常见的橱柜等。

正方体：是棱长都相等的长方体。其表面展开图由六个正方形组成。如玩具魔方、麻将骰子、方块积木等。

三、幼儿学习几何形体和空间概念的意义

幼儿学习空间和几何形体有何重要意义呢？让我们来看下面亮亮的故事：

亮亮在一个月大的时候，妈妈经常没空照顾他，于是就在他的小床帐顶上挂了一串风

铃。一旦他哭闹，风铃就会随着他小手小脚的舞动而发出清脆悦耳的声音。每当这时，亮亮就会不由地停下来，注视着这串风铃怎样的摇来荡去……

亮亮就是在此时产生了空间知觉。他的耳朵首先听到了风铃的声音，眼睛也能搜寻到它挂的位置。这说明他的视听分析器在空间位置的定向上开始发挥作用，于是他获得了用耳朵和眼睛去判断物体位置的经验。这对他来说很重要，有了这样的经验，他将知道如何凭感觉去寻找他希望找到的东西。

亮亮两三个月大的时候，已能追寻声音的方向，听见妈妈的声音，他能立刻把头掉过来看。有时家里人抱他上街，他的头会朝向汽车发出声响的地方，眼睛会随着汽车的移动而移动。

这说明，他的视听能力进一步发展，已能从混沌的背景事物中区分出他所关注的物体。这对他今后学习物体求同，是一个良好的基础。

亮亮的肤觉嗅觉此时也能参与到空间定向上来了，妈妈用奶嘴碰碰他的嘴角，然后把瓶子挪开，他不用睁眼看，就能判断奶瓶的方位——能立刻把头掉过来一边吮吸着一边努力地朝奶瓶挪开的方向寻找着。但是有一次妈妈给他喂的是药水，他似乎闻到了一种不熟悉的气味，犹豫了一下，但还是吸了一大口，紧接着他就松开了口，苦着脸将药水吐了出来。当妈妈再次用奶嘴碰碰他时，他就把头扭向相反的方向……吮吸对亮亮此时本是一种愉快的体验，这种体验曾多次激起他朝着刺激源方向运动的欲望，但喝苦药的经历是一种新的不愉快体验，这使他学会了向相反的方向回避。亮亮大脑里各种分析器就是在这样众多类似的循环反应中迅速地协同作用，帮助他日益拓展他的经验范围以及增长处理日常生活问题的能力。

亮亮在十个多月时，对周围家人的声音、脸庞已很熟悉，晚上闹觉时，他能逐一审视家人的面孔，直到看见妈妈的面孔出现才肯安静；他对自己喝奶的瓶子等就更加熟悉了，当他舒坦地躺在床上时，会把看到的奶瓶抓过来，把有奶嘴的一头送进嘴里。他的抓握动作很准确，他有时甚至把自己的小手小脚也能准确地送进嘴里……亮亮在吮吸中强化着对奶嘴、手指、脚趾的形状、大小方面的经验，保不准是他觉察出手指脚趾与奶嘴有足够的相同之处才这么努力地吮吸呢。他从吮吸中获得的物体形态方面的经验，一方面构成了他辨别、认识其他物体的参照，另一方面又促使他提高和改善了他的空间能力。如手眼协调的能力（把有奶嘴的一头送入嘴中），物体位置的知觉能力（奶瓶位移、翻倒、侧转后均能认出）、近距离判断的能力（能准确地抓到奶瓶）等。

亮亮开始学步了。他的一只手紧紧抓着栏杆，颤巍巍地站着，另一只手却伸向妈妈，似乎在试试与妈妈的距离。妈妈也伸开双臂，当与亮亮的小手几乎要碰到一起时，亮亮的眼里明显地充满了自信，突然，他松开了抓栏杆的那只手，大叫着冲入妈妈的怀里，迈开了人生有重大意义的第一步……

亮亮能比较自如地在平地上走路了。这一天，爸爸带他去散步，走到一处台阶（其实并不太高，只有10公分）的地方他站住了。他望着自己的脚，然后慢慢试着踮起一只脚，过了一会儿，他把脚放平，抬起头求助地看着已走到远处的爸爸，爸爸向他投来鼓励的目光，于是他又去看着自己的脚，慢慢地把一只脚踮起……就在离地的一瞬间，他把这只脚搁在了台阶上，他停了一会儿，然后向前移动着身体的重心，紧跟着把另一只脚也提了起来，终于跨上了台阶。

从亮亮学步和学跨台阶的过程中，我们可以看到，幼儿是在看、摸、移动等自身的活动中建立起物体之间的距离感和一些初级的空间知觉的。幼儿在其中主动发展着对各种空间场所的认识，学会对自己的活动方式和运动后的结果进行预测。

当代有很多研究表明，幼儿空间概念的发展和几何概念的学习密切相关。一方面，几何概念的学习有赖于幼儿空间概念的发展，另一方面几何概念的学习又对幼儿空间能力的改善起促进发展的作用。

亮亮在图形知觉方面的突飞猛进发展是在进入幼儿园后。我们在本章开头提过，在小班时，他还没法画出直线图形，但上了中班，这点要求对他已经不困难了，到上大班的时候，他已能认识各种各样的平面图形和各种几何体。他在玩几何图形片和搭积木的过程中，巩固着以前获得的有关空间概念，如上面、下面、里面、外面……；体验着一片片或一块块（即部分）与拼搭出的整个物体（及整体）之间的关系；又在"需要几块就拿几块"的规则执行中，巩固着数的概念；他的空间想象能力和创造性也在此时得到进一步发展。一次搭一座塔，亮亮他们小组缺少木砖积木，他第一个想到用直角三角形积木拼成木砖来使用。又有一次语言课，老师让小朋友进行桌面表演《小猴的桃树》，大家正为用什么材料来代替小猴，用什么材料代替桃子而犯愁，只见亮亮找来一种本色的长三角积木代表小猴，用另一种红色的等边三角形片代替了桃子。

亮亮在图形构造活动中表现出的智慧，确实能够使我们体会到图形比起数来要具体、直观地多。"……它提供儿童连接数学与真实世界的一个最佳机会。"

模块三　幼儿认识几何形体和空间概念的教育要求

一、幼儿认识几何形体和空间概念的教育要求

（一）能在知觉的水平上辨认图形和制作图形

所谓在知觉的水平上辨认和制作图形，即能够通过视觉、触觉、动觉等联合作用，从整体上体验图形的边、角、大小等属性，形成对图形的知觉表象。在此基础上，能分辨图形的相同和不同，对图形做求同、分类、配对、拼合、描绘、制作等操作，并学习描述图形边与角的特征

以及命名等。

（二）认识图形的特征及图形之间的关系

“认识图形特征”的要求，就是在指认和正确命名图形的基础上能用语言或符号概括出同类图形的特征，如：三角形的特征用语言概括，就是在对三角形求同后说出“所有的三角形都是三条边三个角”。用符号概括就是能选出或画出“△”的标记来表示三角形求同的结果。

所谓“图形之间的关系”在这里包括了认识平面图形之间关系的要求和认识平面图形与几何体之间关系（即平面图形如何围合成几何体）的要求。而平面图形之间的关系又有下面两方面的含义。

1. 图形之间组合或分解的关系。几个直线图形或带直线边的曲线图形可以拼成一个大的图形。例如，四个等边三角形可以拼成一个长方形或一个正方形或一个等腰梯形。同样，一个任意图形（或直线图形或曲线图形）又可分解成几个相同的或不同的图形。例如，一个轴对称的图形（如梯形）可以等分成两个一样大的相同图形或几个不同的图形；一个中心对称的图形（如正方形）可以等分为几个一样大的相同图形或几个不同图形。

2. 比较相似图形的区别。如两个相似图形，基本形状不变，角的大小也不变；只有边长变了，图形就被放大或缩小了，在比较中可以体验其中的相互联系。

（三）能把物体零散的部分构成一个整体

即发现物体（或图形）部分和整体的相互关系。要求将幼儿的注意引向拆零部分与整体联系的线索上，发展其空间关系和对图形的心理旋转能力。例如，怎么移动或旋转拼图块就能拼成一幅完整的图。或者，两个一样大的等腰三角形并排放着，知道哪两条边一拼就能拼成正方形，哪两条边一拼就是一个大三角形。

（四）能有规律地排列物体，感知物体间分离、次序、包围、邻近等空间关系

即在一维或两维空间按照“一、一规律”或“一、二规律”“一一一规律”排列物体或图形，体验和发现拓扑的四种基本关系。

（五）发展上下、前后、左右的空间知觉

即发展幼儿以自身为中心或以客体为中心确定物体的方向、位置以及运动方向的能力等。

二、各年龄班幼儿空间和几何形体的教育要求

（一）小班空间和几何形体的教育要求

1. 知道什么是圆形、正方形、三角形的物体；

2. 能判断物体之间明显的空间关系；

3. 能区分和说出以自身为中心的上下方位；

4. 能按指定方向运动。

(二) 中班空间和几何形体的教育要求

1 会用各种几何形体（积木或积塑）进行拼搭和建造活动，体验图形的边角关系；

2. 能区分和说出以自身为中心的前后方位；

3. 能区分和说出物体之间的空间关系。

(三) 大班空间和几何形体的教育要求

1. 能指认正方体、长方体、球体、圆柱体，并能根据形体特征进行分类或排列；

2. 体验和理解平面图形与立体图形之间的关系，会制作几种常见的几何体；

3. 会将实物或图形做二等分或四等分；

4. 能以自身为中心和以客体为中心区分左右；会向左、向右方向运动，在日常生活中，能注意自己（或物体）在空间的位置和运动方向。

模块四　幼儿认识几何形体与空间概念的活动指导

一、幼儿几何形体教学活动的活动指导

(一) 辨认图形的操作活动设计与教学组织

例子：亮亮从两岁多一点的时候就喜欢玩积木，老师发现他的这一兴趣是他上小班的时候。有一次早晨入园，老师看见亮亮在大门口与妈妈再见，然后一蹦一跳地向班上跑来，可是路过大班的建筑区时，突然停了下来"走不动"了，亮亮发现那个建筑区里有各种各样的中型积木，虽然都是一种颜色没家里积木好看，但形状却比他在家玩的那几盒彩色积木多多了，他情不自禁伸手拿出一个矮圆柱，把它竖着放到地上，发觉它立得很稳，像个石凳，于是他立刻坐了下去，可不料屁股坐歪了，亮亮跌倒在一边，他一骨碌爬了起来，一眼看见那个圆柱正逃也似的朝远处滚去了，不由逗得他咯咯地大笑起来。他似乎想了一下，马上翻身又到橱里去找，这次他拿出的是半个圆柱，亮亮把弯弯的一面朝下，又用手去推了推，让他惊讶的是，这只"船"并不滚走，而是像翘翘板一样晃动起来……

(二) 制作图形的操作活动设计与教学组织

老师提供了 10×10 钉板和若干彩色皮筋，让中班幼儿用皮筋在钉板上绷出几何图形。佳琪想绷一个三角形，她把皮筋钩在一个钉子上，然后用双手拉住皮筋的下端往下面几行一套，一个等腰三角形就绷出来了。佳琪觉得这个活动太简单，没什么意思，于是她抬起头左顾右盼，想换个活动。这时老师走过来指着她的三角形说："你能紧靠着三角形的这条边，再

绷一个其他的图形吗?”佳琪心想:这还不容易么。于是立刻在三角形下面绷出了一个长方形。老师在一旁点点头说:“你绷出的房子还不错,就是房顶小了些。”佳琪一看自己的钉板,果然两个图形变成了一座红顶黄墙的房子。她顿时来了精神,把三角形的底边拉宽了一些,这一下,房子看上去顺眼多了。可老师让她把三角形还原,问她:“如果不改变三角形,还有没有使房顶大过墙的办法?”佳琪有些为难,一旁的亮亮悄悄挤过来对她说:“你不会把下面那个长方形弄小点吗?真笨!”佳琪听了恍然大悟……

(三)图形关系的操作活动设计与教学组织

午睡起床,大班小朋友都聚集到场院里的大树荫下,准备开西瓜宴。老师当着大伙的面把洗好的西瓜每个切成了4大块,由亮亮、佳琪和另外几个当服务生的小朋友,端去送给大家。在一片“谢谢”声后,场地上原先嘈杂的喧闹声立刻被“呼哧、呼哧”的啃瓜声所替代……清理场地时,老师忽然问大家:“我们今天一共吃掉了几个瓜?”“早说呀,吃都吃完了,这怎么能知道?”“老师怎么事先也不数数,现在才……。”小朋友们七嘴八舌地埋怨着。佳琪用胳膊肘碰碰亮亮问:“喂,你有什么好办法?”亮亮跑到桌边盯着那些瓜皮看了好一阵,又仰着脸想了一会儿,接着就叫跟在身后的佳琪去拿一只大脸盆来。盆找来了,他对大家说:“请大家每人拣4块瓜皮,排好队送到佳琪的大脸盆里。”小朋友们都不知亮亮搞的什么鬼,但又没有别的主意,只好照着做。亮亮自己没有去拣瓜皮,他捧来一大筐雪花片,挨次序给每个送瓜皮来的人发花片,每送一次就给一片花片,最后他让大家把得到的花片一起交给佳琪,由佳琪数出总数,佳琪数了数说:“16”。于是亮亮说:“那就是吃掉了16个瓜。”其他孩子这时也慢慢想过来了:“对!是16个。”大家的目光一起看着老师,只见老师正微笑着点头呢。但佳琪还是有些怀疑,她把那些瓜皮按皮色花纹一堆一堆重新分好,然后又仔细数了数,结果她的答案与亮亮是一样的,这才高高兴兴洗手去了。

二、幼儿空间概念教学活动的活动指导

(一)空间知觉的操作活动设计与教学组织

1.空间方位的活动设计与组织

老师正带小班幼儿玩“指鼻子”的游戏。老师让小朋友先用手指着鼻子,然后要求大家听指令指出身体的其他部位。佳琪觉得这个游戏很好玩,她指着鼻子做好了准备。刚开始,她显得很轻松,老师说:“眼睛!”,佳琪马上就能指到眼皮上。老师又说:“嘴巴!”,她也能迅速指向嘴唇……玩着玩着,老师的口令变了:“身体上面!”佳琪顿了一下,然后才把手指到了头部。老师又说:“身体下面!”这一下,佳琪更慢了。她需要想一下,到底是该指着腿呢还是应指着脚,最后她选择了腿,可是当她看见亮亮指的是脚,又连忙把手指到了脚上。老师看到了佳琪刚才的动作,就又补充了一句:“这次还是要指身体下面,但不能是刚才指过的地

方。”这次佳琪和亮亮都同时选择了指腿。

幼儿对空间方位的认识是从对自己身体有关部位的方位认识开始的。让幼儿通过活动自我感知，再配合词的描述，无疑是一种有效的方法。

在幼儿对身体部位所处的空间位置熟悉了，就可以运用观察法引导幼儿将视野扩大到周围的环境，让他们发现身体的前方、后方、旁边(左右概念的替代词)各有什么物体。

幼儿已掌握按自我为中心辨别方位后，可再进行以客体为中心辨别方位。

2. 认识空间的活动设计与组织

例子：班上有一位新转来的孩子，第一天大家叫不出他的名字，都一起叫他“新朋友”。老师把热情、开朗的佳琪介绍给了新朋友。新朋友怯生生地问佳琪：“你也是新朋友吗？”佳琪一脸认真地说：“不，我已经旧了，我带你去参观我们班吧。”然后就拉着新朋友去熟悉班级环境去了……

认识空间，从某种意义上说，就是认识“地点”或者说叫认识“环境”。

3. 手眼协调活动与视觉分辨活动的设计与组织

(1)空间定位

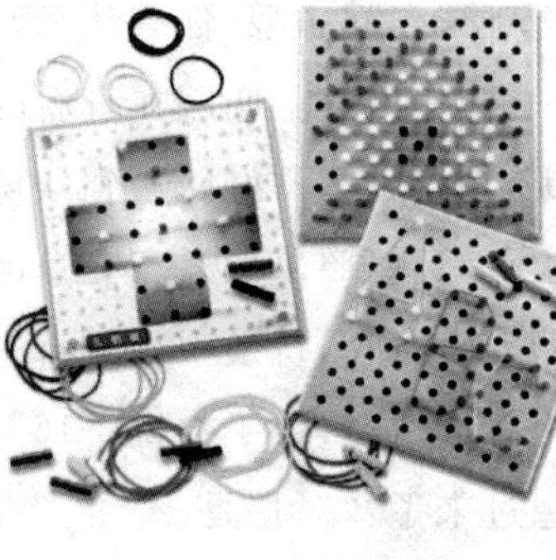

图 6-1　多元益智钉板

例如，老师提供了几块钉板，她要求幼儿按照钉板图案(图 6-1)范例，在钉板上用绒线绕出相同的图案。钉板图案有开放图形和封闭图形两类，每一类图形有好几张，其难度系数各不一样。佳琪选择的是一张开放图形的范例，亮亮觉得开放图形的范例太简单，于是选择了一张较难的封闭图形范例。几分钟后，佳琪发现绕出图形并不容易(她捏住的是绒线的末端)，尽管她知道该从哪绕到哪，但绒线软软的就是不听指挥，钉子也不肯好好的绷住绒线。正当她有些灰心时，老师递给她一只水笔和几张 16 点卡片，让她按图案范例临摹图形，这一次佳琪做时就顺当多了。对那个新插班来的孩子，老师干脆要求他直接用水笔在范例板上描出来就行了(范例板全部经过过塑处理)。亮亮开始做时也曾发生过佳琪的困难，但他试了几次，终于发现不能捏住绒线的末端，而应捏在靠前端的部位，因此他是用绒线绕出图形的，不过老师又给他提出新的要求——绒线不能重复，绕出的线条都要单线条。这可不容易，亮亮一直摸索到活动结束时还没能绕出来……

(2)走迷宫

例如，老师选择了几块画有迷宫图案的底版(图 6-2)，全部经过过塑处理，让幼儿用笔从入口处开始，画到出口处，发展幼儿的手眼协调能力。亮亮不满足，他找来一个回形针放在底版上的进口处，又用一块磁铁放到底版下面，设法用磁铁牵引着回形针“走”出迷宫。小朋友们都纷纷模仿亮亮的玩法。老师在一旁看了并不制止，只是问孩子们一共找到几种不同的走法。

(3)有什么不同

例如,老师选择了两张有几处区别的相似图画(图 6-3),让中班小朋友们找出不同之处。佳琪一开始只看出一处不同,老师提示她要有顺序地从上到下一处一处对比着找,慢慢地佳琪把几个不同之处全找了出来。

图 6-2　迷宫图案底板

(二)空间关系的操作活动设计与教学组织

1. 整体与部分关系的活动设计与组织

“拼图”

老师为了让幼儿体验整体与部分的关系,选取了拼图范例板与相应的材料一套,让小班幼儿把散乱的拼图块拼成一个完整的原图。佳琪做这个练习时,虽然知道四块拼版的上下左右位置,但她只是胡乱地凑在一起,怎么也拼不成一只完整的苹果,老师建议她把每个拼图块转个方向再试试,还是不行。老师就将拼图范例板的三部分盖起来,单单露出一个部分,并让佳琪从材料块中找,看哪一块和这个部分相同,然后把它拿出来,按相应的位置放好,接着找第二块、第三块,慢慢地佳琪拼出来了,高兴地拍起手来。

图 6-3　找找图形中的不同

2. 一维空间排列活动的设计与组织

“排出间隔系列”

老师提供了物体(图形)排列次序范例板,有全范例板、半范例板和填空范例板。还依照范例板提供了相应的图标排列材料,要求幼儿按同样的顺序来排列物体或图形。佳琪在开始玩这个活动时往往意识不到排列的规律,老师建议她选各种规律的全范例板,教她用重叠对应和并置对应的办法练习排列,一边排一边教她按循环节读一读是怎么排的,如:“铅笔图书五角星,铅笔图书五角星,……”。当她这样做熟练后,又进一步要求她选各种规律的半范例板来做,还是要求她一边做一边读。再后来就要求她脱离范例板来做,这时,佳琪已初步掌握了排列的规律。最后当老师拿来了各种规律的填空范例板让她做时,佳琪已不再感到困难了。

三、其他活动中几何形体与空间概念的渗透教育

(一)各学科教学活动中几何形体概念的渗透教育

在科学活动中,幼儿要对周围各种有形物体进行观察了解,会发现物体形态的多种特征,他们对其形状特征的描述就是他们把在数学活动中获得的图形经验加以运用的过程,这

样的运用反过来又将促进幼儿对图形的更深入一步的认识。

从某种意义上说，美术活动本身就是关于“形”和“体”的学习活动。例如，我们可以在折纸活动中让幼儿找出正方形的纸，让他们设法变成三角形或长方形；在泥工活动中引导幼儿将泥团成球体、撮成圆柱、压成圆形；在手工活动中，鼓励幼儿用各种图形的纸片拼贴出不同的物体，体验图形之间的关系等。

在体育活动中，图形概念的渗透也是经常看到的。如我们在叫幼儿走方队形、走圆队形时，就可以自然地让幼儿通过身体的运动体验图形的特征。体育活动的一些器械，也是幼儿认识几何体的好材料。幼儿在玩各种皮球、乒乓球，在大大小小的体操垫、平衡板上活动时，得到的不仅仅是运动觉的发展，还有对形体的知觉。

在语言活动中，我们依然可以带孩子玩老一套的猜谜游戏，不过谜面可改为图形的特征，谜底就是各种图形。让幼儿玩玩猜猜，巩固幼儿的图形知觉。

（二）其他活动中的几何形体的渗透教育

在日常生活中，我们可引导幼儿运用已经掌握的几何图形知识，寻找与所认图形相似的物体或物体的某一部分。这样，使幼儿对几何图形的认识由抽象概括的图形又回到具体的物体中来，有利于发展幼儿的观察力和空间想象力。如：在散步活动中，让幼儿在周围寻找哪些东西像什么形状，或某个图形可以代表哪些东西等。

游戏材料中有许多是为体验几何图形而设计的，幼儿在使用玩具的过程中，就自然复习巩固了图形概念。如：可供镶嵌的几何体罐子、积木积塑、可以用来绷图形的钉板等，教师和成人要充分发挥这些玩具的数学教育价值，利用这些材料为幼儿设计有趣的数学活动。

在幼儿过生日时，教师和成人可有意识地通过等分蛋糕，来帮助幼儿建立图形的部分与图形的整体之间的联系，引导幼儿讨论切分蛋糕的方法，让他们想一想一共有几种切法，切开的每一块与整体哪个大等。

（三）各学科教学中空间概念的渗透教育

此时进行体育活动是发展幼儿空间方位感的最佳时机，教师结合做操、列队、以及各种游戏活动，就能让幼儿理解有关方位的概念。如：“向上举”“向下蹲”“向前走”“向后退”“向右转”等。带领幼儿跨过“小沟”，跳过“小河”就能建立幼儿的距离感……

在科学活动中，教师可引导幼儿由外到里，由上到下，由前至后认识物体，分析物体的结构。

在音乐活动中，可让幼儿感受远处或近处声音的变化、声音的方向。

在美术手工活动中，也可以让幼儿学习安排画面、折纸、做纸塑品等表现空间物体的前后关系，上下关系等。

在语言活动中，教师还可教孩子玩一种徒手进行的“轱辘”游戏，儿歌和玩法如下：

上上下下前前后后左左右右，（按照儿歌有节奏地在身体相应部位拍手）

轱辘轱辘一，轱辘轱辘二，……（握双拳在胸前绕臂，念至一时伸出一个手指，以此类推直至到五）

骑马上山打老虎。（有节奏地向四个方向转身，同时每转一个方向时双臂屈肘再前伸做瞄准打枪状）

（四）其他活动中空间概念的渗透教育

幼儿对空间的感知、认识，有助于他们空间知觉的发展，也有利于其生活能力的增强。空间与幼儿的日常生活有着密切联系，教师或成人应当利用日常生活的一切机会，帮助幼儿理解空间的有关概念，掌握表达空间方位的日常用语。

例如，幼儿在寻找他的玩具或生活用品时，让他说一说在什么地方找到的，教他们学说"橱里""床下""窗帘背后"等等。这种把方位词与某个实物联系在一起的表达方式，有助于促进幼儿发展以客体为中心辨别方位的能力。

又如幼儿自己学习穿衣服，既要辨别身体的前后，也要分清衣服的前后上下，这也是帮助幼儿掌握方位的好机会。

再如幼儿在使用左右手进餐或学习绘画时，可提醒幼儿注意自己的左右手分工，让他们回答：左手拿的是什么，右手拿的是什么。或者反过来问：拿笔的是哪只手等。

在参观游览远足活动中，教师可一边移步换景，一边自然渗透方位教育，引导幼儿描述近景、远景，与幼儿共同体验不同情况下的上下、前后等空间位置。如让幼儿回答：从低处（下面）往上看，什么在我们的上方，站到高处（上面）往下看，什么在我们的下方。

"捉迷藏"是幼儿百玩不厌的游戏，可让幼儿在找到同伴时说一说是在何处找到的，巩固幼儿的方位概念。

搭积木的游戏也可用来进行空间概念的渗透。例如让幼儿布局建构场地（可组织幼儿讨论决定），活动中引导幼儿设计什么材料放下面，什么材料放上面等。

还有满世界都能找到的包装盒（牙膏盒、胶卷盒、药盒、食品盒……），是学习形体的现成材料。发动幼儿到生活中去找一找，收集来就可以进行求同、分类，或者进行合、分、拆、拼，幼儿自然而然就会发现各形体的共同属性或"面"与"体"的关系。

其实，生活中的几何形体无所不在，但教育的契机总是留给那些能敏锐发现数学教育价值的人。

【单元小结】

几何形体和空间方位是数学教育的基本内容。本单元首先介绍了几何形体和空间概念，根据幼儿年龄特点，明确了幼儿认识几何形体和空间概念的内容和要求，分析了幼儿对几何形体和空间概念的认知特点，详细阐述了对幼儿进行几何形体和空间概念教育的组织方法。

【思考题】

1. 幼儿认识几何形体和空间概念有什么发展特点？
2. 幼儿认识几何形体和空间概念的教育要求是什么？
3. 设计一个幼儿认识几何形体的活动方案。
4. 设计一个幼儿认识空间的活动方案。

【数学活动实例】

数学活动实例一

活动名称

听声音，辨方位（中大班）

活动目标

1. 能根据听到的声音辨别声音的方位，并能运用相应的符号在图版上表示出来；
2. 学习静下心来仔细倾听，知道在活动中不干扰别人。

活动准备

事先找一处能够听到各种声音的地方（不能太嘈杂），卡纸、笔每人各一。

活动过程

1. 介绍活动的名称与规则

告诉幼儿这个活动的名字是“听声音，辨方位”。发给每个幼儿一张卡纸，让他们自己在卡纸中间画一个⊙表示他们所在的位置。当他们听到某种声音时，就用恰当的简单符号把它标记在卡片上。例如，一阵风就画两道斜线、几声鸟叫就画一只小鸟。标示符号的位置应尽量精确地显示出声音的方向和远近（适当做一次示范让幼儿理解）。为了听到更多的声音，可闭上眼睛聆听，还可用手掌朝前或朝后拢着耳朵形成声音的反射面来听。

2. 幼儿自选活动地点进行作业

让幼儿快速（1 分钟）找到自己的“倾听地点”分散坐下，以免倾听开始时有人走动，并且要求幼儿一旦选定了地方，就不要随便移动。

在开始记录声音的前后，分别给幼儿一个信号，例如，学一声牛或猫叫，以增加活动的趣味性。（活动持续时间可视幼儿的年龄、专注程度和当时环境的声音状况而定，一般 5～10 分钟）

3. 幼儿自行结伴交流记录

在结束活动时，让幼儿自行找好朋友，交流彼此的声音记录。教师可提问：

你听到几种不同的声音？你用什么符号来表示它们的？

你最喜欢哪种声音？为什么？

你最不喜欢哪种声音？为什么？

哪种声音你一直从未听过？你知道声音是从哪里发出来的吗？

建议：

如果找不到合适的声音环境，可请其他教师协助，在不同的方位、地点制造出一些声音来，供幼儿聆听记录。

数学活动实例二

活动名称

猜猜我说的东西在哪里（中大班）

活动目标

1. 理解以客体为中心的方位词表示物体之间的关系。

2. 能根据所提供的条件线索细心观察并寻找到物体所在的地点。

活动准备

1. 选择一处有各种物体的活动场地。

2. 编制一套有关物体方位线索材料，例如，“从我这里看，1号东西在滑梯的后面，但又在爬网的前边。”“2号东西有一个绿色的身体，它在花坛的左边，藏在草丛中。”等。

3. 准备若干材料，例如，皮球，沙袋，可乐瓶等，红绸带，数量为幼儿人数的一半。

活动过程

1. 带领幼儿到事先选择好的地点，教师按物体编号顺序一一描述物体的方位线索。幼儿根据教师提供的线索前往搜索，找到教师描述的物体。

2. 让幼儿两两一组自由结伴，每组取一份材料（如一个皮球）和一根红绸带。其中一人将东西先藏起来，然后挥舞绸带指挥另一个人前往寻找。向前挥动表示要向前走，向后挥动表示要向后退，向下挥动表示已到了藏物地点。找着后两人交换角色。

数学活动实例三

活动名称

伪装的小路————视觉分辨（小中大班）

活动目标

1. 学习在自然环境中分辨各种附加物体，体验“伪装”的含义。

2. 能集中精力细心寻找物体。

活动准备

1. 找一段有落叶、灌木的小路约10米左右。沿路放或挂10个物体，例如小镜子、衣架、羽毛球、积木、笔、尺子、皮带扣、小瓶子、纱巾、旧钥匙等，尽量与周围环境融为一体。

2. 准备5张卡纸，分别写上待寻找的物体名称，每张卡纸上写两个。

活动过程

（将全班幼儿分成每5人一小组，每次领一个组进行游戏）

1. 领一组幼儿到准备好的场地，告诉幼儿，粗心的豆豆在这条路上丢了好几样东西，他请我们帮他找一找，看看丢在哪里了。

2. 教师发给每人一张卡纸，告诉幼儿豆豆请他们寻找的两件东西（每人不一样），并让幼儿自己记住然后去寻找。

3. 幼儿发现要找的物体后不要捡起来，继续寻找，看看还能发现什么东西。等走完了这条小路后把卡纸交给老师并告诉老师，他负责找到的东西在什么地方，除此之外还发现了什么东西。

4. 领幼儿重新走一遍小路，把没有找到的东西再找一遍，并让幼儿说说为什么有些东西难找。

建议：

此活动也可以绘制成图片来进行，在一较符合要求的图画上，插入几个物体的形象，请幼儿把它们找出来。

数学活动实例四

活动名称

小动物的照片——拼图（小班）

活动目标

能将零散的图片拼成原图，体验物体的空间关系。

活动准备

小动物的拼图材料及拼图范例若干套。

活动过程

1. 告诉幼儿，小动物不小心把照片剪坏了，请小朋友们帮忙再拼起来。

2. 幼儿自取一套拼图片进行拼图。对拼图有困难的幼儿可引导他们用匹配的方法熟悉活动规则和拼图技能。

3. 个别提问有关空间关系的问题，例如，哪两张图片应该靠在一起？中间是哪一张图片？上面应该是哪一张？

4. 讨论拼图中遇到的问题和解决办法。例如位置不对怎么办？图形反了怎么办？

建议：

提供拼装玩具让幼儿进行拆装，从中体验物体的空间关系。

数学活动实例五

活动名称

漂亮的花布(中大班)

活动目标

体验物体排列的次序规律。

活动准备

1. 格子花布2到3块,有间隔排列纹样的床单、围巾、服装等。

2. 3×3格子纸每人一条,蜡笔每人一盒,印台、实物印章每组两套。

活动过程

1. 欣赏格子花布等实物纹样,提问:有几种颜色?或有几种花纹?引导幼儿观察纹样的排列规律,让幼儿说一说图案是怎么排列的。

2. 让幼儿自己设计格子花布:每人选择两种印章,在格子纸上交替盖上实物印迹,并用两种颜色的蜡笔分别图上底色。

3. 交流各自设计的花布纹样,教师提问有关空间关系的问题,例如,开头是什么图案?紧接着的是什么图案?

建议:

1. 幼儿掌握二方连续的规律后,可提供各种实物形象的纸板让幼儿进行装饰。

2. 提供其他形式的二方连续活动,例如穿珠、搭围墙等。

3. 可进一步引导幼儿学习设计四分连续的纹样。

数学活动实例六

活动名称

找影子—图形配对(小班)

活动目标

能将图形与它的影子配对,体验图形的特征。

活动准备

各种实物图形及几何图形片若干,配套的图形影子底板一张。

活动过程

1. 出示图形影子底板,告诉幼儿,这个活动的名字叫"找影子"。要求幼儿根据图形的特征来找影子匹配。

2. 幼儿对活动规则熟悉后,可适当增加活动的难度,例如,在图形底板上增添几个相似图形的影子,要求幼儿仔细观察比较,为图形找到真正的影子。

3. 提问:你是怎么看出图形影子的?

数学活动实例六

活动名称

找影子—图形配对(小班)

活动目标

1. 运用多种感官认识方形、圆形。

2. 初步认识方、圆标记,能按形状标记对物体进行分类。

活动准备

1. 请家长和孩子一起找一片方的饼干,一片圆的饼干。

2. 圆、方标记各一个,贴在两个盒子上。

3. 袋子一个,装饼干用。

活动过程

一. 摸饼干:认识方形和圆形

1. 出示装有饼干的袋子。

2. 请幼儿来每人摸一片饼干,并说说摸到了什么形状的饼干。

3. t:谁摸到了圆饼干,请举起来! 圆饼干是什么样子的?

(圆圆的没有尖尖的角)

〈依上提问认识方饼干〉

二. 认识形状标记,按标记将物体分类

1. 出示两只盒子

a. 指有圆标记的盒子

t:这是谁的家? 你怎么知道的? 卡片上画的是什么? 是什么标记?

b. 指有方标记的盒子

＜认识过程同上＞

2. 送饼干回家

t:天黑了,请小朋友把饼干送回家吧! 边送边告诉它:x 饼干送你回 x 标记的家。

3. 集体检查结果

出示装圆饼干的盒子:"这是什么标记? 里面放什么饼干?"再出示装方饼干的盒子:"这里呢?"

三. 到饼干的家做客

t:小朋友们真能干,把饼干都送回了家。圆标记和方标记想请你们吃饼干,你们开心吗?

〈幼儿自由选取饼干品尝,师提问:"你在什么标记的家里吃什么形状的饼干?"〉

数学活动实例七

活动名称

上下空间的认识

活动目标

1. 引导幼儿认识物体与物体之间的空间位置关系。

2. 能够说出什么在什么的上面，什么在什么的下面。

活动准备

1. 球、苹果、玩具狗、各一个。

2. 各种玩具若干。

活动过程

一、导入引导幼儿观察

1. 师："小朋友们，今天我带来了几位好朋友到我们班来做客，想和小朋友们一起玩游戏，你们看这是谁啊？（教师出示篮球一个）。还有一位好朋友它在和小朋友们捉迷藏呢！我们一起来找找看它在哪啊？到底是谁？咦！找到了，原来它藏在书下面啊！快出来跟我们小朋友打个招呼吧"！"小朋友们，你们好！我是你们最喜欢吃的苹果，很高兴和小朋友们一起玩。"

二、互动游戏，初步引导幼儿辨别上下

1. 教师：哎哟！是谁在咬我呀？—"原来是小狗啊！你也想跟我们小朋友玩游戏么？"

出示玩具狗，以小狗的口吻说"小朋友们好，我的名字叫汪汪，想跟你们玩一个游戏。"教师说："汪汪狗你想跟我们小朋友玩什么游戏啊？（和汪汪狗说悄悄话）我知道了，好的。"

2. 汪汪狗想请小朋友们闭上你们的小眼睛，然后汪汪狗会躲起来，当你们听到：汪汪汪的时候就可以睁开眼睛把汪汪狗找出来，并说出你是在哪找到的。

3. 游戏中教师要引导孩子说出"什么在什么的上面，什么在什么的下面。"

4. 游戏结束后及时对幼儿进行表扬。

三、利用游戏巩固上下的空间位置关系

1. 小朋友们玩得开心么？球宝宝、小苹果、汪汪狗。还给你们带来了小礼物，有小汽车、花篮、洋娃娃、铅笔、灯笼好多好多的玩具要送给小朋友们，它们也在和你们玩捉迷藏的游戏，那现在我们就一起把他们找出来吧！

2. 欢快的背景音乐激发幼儿游戏的兴趣。

3. 教师适当引导幼儿：我们可以在桌子上找找到椅子下面看看……找到后请幼儿说说自己是在那里找到的。分别在什么地方引导幼儿能够说出：小汽车在桌子的下面、铅笔在书的上面……

"小朋友们，你们真棒！将所有的礼物都找到了，而且还能说出他们藏在什么地方，我们为自己鼓鼓掌吧！"

第七单元　幼儿认识量概念的活动指导

【学习目标】

1. 了解幼儿认识量的概念的意义；
2. 理解幼儿认识量概念的发展特点；
3. 掌握幼儿认识量概念的教育要求；
4. 掌握幼儿认识量概念的活动形式；
5. 应用幼儿认识量概念的活动要求，设计相应的数学活动方案。

模块一　量的概念与幼儿学习量的意义

一、量

任何具体事物都有量方面的特征，它通常用数（称量数）和单位量（称为计量单位）来表示。

量又是往往与物体大小、线段长短、距离远近等相关的。

例如，亮亮四岁半时，一次，在玩汽车游戏时，把汽车一辆接着一辆地排在“停车场”的线上，不一会儿他欢喜地喊到：妈妈，我的停车线好长啊，能排 8 辆汽车呢。

量可以分为不连续量（分离量）和连续量（相关量）两种。例如，一个班有多少小朋友、篓子里有多少皮球等是不连续量，不连续量是表示物体的集合元素有多少的量。在“量与计量”中所说的量一般都是指连续量，如长度、质量、面积、体积、温度、速度等，连续量是表示物体属性的量。幼儿初步认识的是生活中的一些常见量，如多少、大小、长短、粗细、高矮、厚薄、轻重、远近等。

幼儿期进行量的比较，一般是幼儿对两样或三样同类物体进行比较。晨间锻炼时，亮亮和红红在跳绳，跳着跳着，亮亮说：“红红我们比比看，谁的绳子长？谁的绳子短？”……幼儿期进行量的比较，一般是幼儿对两样或三样同类物体进行比较，亮亮他们比较的结果是：亮亮的绳短，红红的绳长。然而在量的比较中，应注意到各种量的相对性：长的、短的；大的、小的；高的、矮的等只是在对比两个物体某一属性的基础上才能区别，但不是绝对的，如亮亮在和小刚比绳子时，结果是亮亮的绳子是长的，小刚的绳子短。而在量的比较中，长度是一维空间的概念，从数学知识本身的结构来说，一维空间是二维空间（如长度和宽度）和三维空间（如长度、宽度、高度）的基础。幼儿直接生活的空间和他们直接接触的众多物体，绝大多数是属于二维空间和三维空间的。如建筑活动中，幼儿说："我们搭的塔又高又宽……"

二、自然测量

测量，是指把一个要测定的量同一个作为标准的同类量进行比较的过程。用来作为计量标准的量，叫做计量单位。

用一个计量单位去计量某一个量，结果得到这个量含有计量单位的若干倍，这个数值叫做这个量的量数。同一个量，用不同的计量单位来计量，所得的量数不同。

一般常用的计量方法有直接计量和间接计量两种。

量和数具有同构性，只是儿童对量的认识要略晚于数，测量能力要到 8～11 岁才完全发展。

自然测量，是指利用自然物（如虎口、臂长、小棒、绳子、瓶子等）来测量物体的长短、高矮、粗细、轻重等或用目测大小、步测远近等。

幼儿在自然测量过程中包括两种逻辑活动：一是幼儿知道整体是由若干个部分组成；二是逻辑相加，进行易位和替换的过程，即把每次测量的一部分和另一部分连接起来，建立测量单位体系。

三、幼儿学习量的概念的意义

1. 幼儿期重量感知觉的发展是幼儿日后掌握重量概念和重量测量的基础

例 1：亮亮刚会走路时，一次他想举起自己坐的小木椅子，摇摇晃晃尝试了几次，他确信自己无能为力时，就期盼地看着爸爸，求助于成人了，嘴里说着："重、重！"

例 2：一天，爸爸和亮亮玩"脑筋急转弯"游戏，爸爸问："大气球和小橡皮球比谁轻谁重？"亮亮回答："大气球轻，小橡皮球重。""为什么？大气球大呀？"亮亮一副自信地说："我比过大气球虽然大，可是它就是轻。"

2. 幼儿期的排序教育有助于幼儿抽象的数概念的形成

例 1：扬扬穿了一串珠子，一个圆形一个椭圆形排列。老师指着一个圆形的珠子问："扬扬，你穿了几个这样的珠子？"于是扬扬把串珠平放在桌子上，嘴里数着："1、2、3……"他的手按着顺序点圆形的珠子。

例 2：红红在玩"按序盖点"活动中，先取一张范例板，照范例板在方格纸上盖出前三列的点子，自言自语道："2 比 1 多 1 个点，3 比 2 多 1 个点，3 后面应该盖 4"说着就按差数盖出 6 列点子。盖好后，又在每列点字下面盖上数字，表示这一列点子的个数，最后她又读一读"1、

2、3、4、5、6。”

3. 测量的学习可培养幼儿解决简单实际度量问题的兴趣和能力

例子：亮亮用一根小棍测量了饭桌和小床的长度后，知道了床比桌子要长；亮亮又用杯子往大小不同的瓶子里倒水后，奇怪：一个瓶子能装 3 瓶水，可乐大瓶却能装 5 杯水，可乐大瓶比小瓶能多装 2 杯水。亮亮的这一发现使他产生了再试一试用大小不同瓶子装水的兴趣。

模块二　幼儿认识量概念的发展特点及教育要求

一、幼儿认识量概念的发展特点

幼儿在实际生活中逐渐积累了有关物体的量的认识。但这种认识在早期仍带有很大的局限，主要表现为缺乏分化和不精确的特点。

(1)小班

幼儿在 3 岁左右一般已能知觉到物体的大小差异，但对于其他的量的差异还不能认识，也不会用词语来表示。他们对于高矮、粗细、长短、宽窄、厚薄等量的差别，都笼统地说成“大”“小”。这一时期的幼儿对量的认识还不具相对性。他们开始是把物体的大小看成是物体的绝对特征(事物的名称)，而非比较的产物，逐渐地才学会比较 4 个以内的物体的量。

(2)中班

4 岁幼儿感知量的精确性有了很大提高，能比较精确地区分出高矮、粗细、长短，并学会用不同的词汇表达不同的量。能判断相等量，但还不能达到量的守恒。能按照递增或递减的顺序进行简单的量的排序，但数量多则不行。因为这时还是依赖于感知和尝试，而不是从逻辑关系认识量的关系。

(3)大班

5～6 岁的幼儿能够正确地认识并用相应的词汇描述物体的量的各种特征，精确性有了较大的提高，对量的相对性有了较好的了解。他们逐渐在逻辑的基础上理解量的序列关系，包括可逆性、传递性、相对性；开始能够正确地排序，而且也不再受知觉范围的局限，有的还能学会排序的策略。以后，幼儿有可能学习用工具测量，但整个幼儿期的测量还仅限于简单工具的测量(自然测量)，而不是标准工具的测量。由于测量技能本身的要求，幼儿对于测量的方法技巧还较难以掌握，因而幼儿独立、正确地完成测量任务还有很多困难，有赖于教师的示范和指导。

对于不同性质的量，幼儿的测量观念发展也不一致。如长度和重量的测量，幼儿就容易理解：长度可以量，重量可以称。而对于面积、容积等，幼儿的测量观念和测量技能就明显落后。这既与幼儿的生活经验有关，也和这些量本身的测量手段的复杂性有关。

二、幼儿量的感知的发展

重量是连续量，由于地心引力的作用，物体具有向下的力，这个力的大小叫做重量。重量感知觉的发展是掌握重量概念和重量的测量方法的基础，重量感知觉的发展在幼儿期有其重要意义。不少幼儿很小便可按物体的多少区分所有物体，用轻、重等词汇表示自己的感觉。

我国有人对幼儿的轻重感觉的发展作了初步的实验研究，该实验从感知轻重的差异性、精确性、相对性和对这些特性的理解，以及运用轻重词汇等方面对3～6岁的幼儿进行了测试。测试结果表明：

(1)3岁幼儿不能感知和判断有明显差异的两个物体重量的不同

幼儿用手掂量两个重量分别为140克和15克的瓶子时(瓶子的颜色、形状、体积均相同)，能正确的回答"它们是一样重还是不一样重"的问题的人数达到50%；而瓶子重量分别为140克和70克时，则多数幼儿不能正确回答，说明3岁幼儿对重量差异大的物体易于辨别，而差异较小的则有困难。正确完成"把重的瓶子给我"(测试对"轻"、"重"词的理解)要求的人数已达90%，但是他们还不会运用"轻"、"重"词汇表达自己的感受，只能做具体的说明"这里面水多""这里面药少"。能正确用"这个重(轻)"回答的人数只有17%。

(2) 4岁幼儿基本上能用正确词汇表达物体轻重的感知

4岁幼儿用"轻""重"词汇表达不同瓶子重量的人数已达53%。此时幼儿对轻重的感觉也有了明显的提高，如他们能从若干对象中找出同样重量的物体。从众多不同重量的物体中区别出同样重量的物体，需要幼儿能准确感知和判断哪些物体具有同等重量。

(3) 5岁幼儿判别轻重差异的精确性有较大提高，能理解和运用"轻""重"词汇

5岁幼儿能正确完成各项任务的人数已经达73%～100%。同时5岁幼儿的感知轻重相对性能力发展显著，如对任意并排排放着重量分别为140克、75克和15克的瓶子(形状、颜色、体积均相同)，他们能判断和说出其中哪个最重、哪个比较重、那个最轻，回答正确的人数已经达到67%。可以认为5岁幼儿已经基本具备了感知轻重和体积的能力。

(4)6岁幼儿已经具备了认识物体重量和体积之间关系的能力

随着重量感觉的发展，5～6岁幼儿能够认识到小的物体可以比大的物体重，而大小一样的物体，由于制造材料的不同，它们的重量也可以不同。他们还发现了物体的重量和体积之间还存在一种新的另外的联系，不只是直接的正比关系，还有相反的关系，如大皮球能浮在水面上，而小的金属球却沉到水底。这种重量与体积之间的关系的新的认识，表明了幼儿的认识能力有了新的发展和提高。

(5)幼儿测量技能的发展

量的一个本质特征就在于它是可以测量的，测量可以扩大人们对周围事物的认识。时

间、不同长度、重量等实际测量可以加深人们的时间和空间概念。一般来说，幼儿测量能力的发展比数的概念要晚些，因为把连续的整体(如被测物体)分解成可以置换的小单位比数一组彼此离散的物体(如糖果、积木)要困难的多。那么幼儿的测量技能如何发展呢？皮亚杰用由各种形状搭成的塔的研究看儿童是怎样理解那些需要用到测量的问题：

(1)阶段一：幼儿测量方法只是视觉比较

处在发展阶段一的儿童，测量的方法只是视觉比较，并不企图应用任何测量工具如木棒。即使给他一捆木棒，问他这木棒对他是否有用，他也还是不会用。如一名4岁儿童先瞧了瞧模型塔，然后就专心地去搭自己的塔，不再去看模型。他感到不满意，于是拆掉重搭，后来又第三次这样做。问他，他的塔是否与模型高度相同，他回答“是的”。给他一根木棒，问他这是否能帮助量一量，他只是把棒放在他的塔顶上作为装饰而已。

(2)阶段二：儿童使用了测量工具，但运用得不正确

在阶段二，儿童使用了测量工具，但运用得不正确。这阶段较年幼的儿童仍然缺乏空间的协调观念。为了比较两座塔，儿童需要一个参照系。如果他把棒的两端分别放到两座塔的顶上，那说明他还没有将棒作为解释结果的参照系。儿童这时把塔一直往上搭，到看上去两座塔的塔顶差不多在同一个水平线时为止，这时他仍是靠视觉来判断的。他还没有考虑到两座塔的基础不是在同一水平上这个事实。水平高一些的儿童，他会拿起一根测量棒，把他横在两座塔的顶上，同时思考着两座塔的地基高度是否相同。后来他认识到，它们不在同一水平面上。他想把塔搬到另一座塔的桌子上，这样可更清楚地用视觉进行比较。但研究者不允许他这样做。最后，他想找另外一样的东西，以作为测量的标准。他想到了用自己的手，他把一只手放在塔顶，另一只手放在塔底，然后尽量保持两手的相对位置，把两只手移到另一座塔旁，看看他的手是否碰到了塔顶和塔底。当他发现这不是一个很好的方法时，他想到用自已的身体，他在身体上与他的塔顶同样高的地方做个记号，同样在和塔底一样高的地方，如膝盖处，也做个记号，然后走到另一座塔的旁边去比较。6岁左右的儿童使用的就是这种方法。儿童固定自己双手的位置作为测量单位，说明已感知到等量关系的传递性。

最后，儿童开始寻找一种比自已身体更为方便的测量工具。他可能想到再另外搭一座和他的塔同样高的塔，而这两座塔是允许搬动的。这种方法已包含着数学关系的逻辑了。因为，他造的第2座塔B，在高度上等于他造的第1座塔A，如果他把B塔搬到模型C所在的桌上，塔B在高度上等于他要测量的塔C，那么，这必定意味着A和C的高度是相等的。这个思想在数学上就是等量关系的传递性：若$A=B$且$B=C$，则$A=C$。5岁儿童还不能运用传递思想，6～7岁已懂得了等量关系的传递性。

(3)阶段三：测量是一种智慧或运算的测量

儿童这时能够用任意长的物体作为普通的测量工具。就上例来说，儿童在利用第3座塔作为测量标准以后，他发现用一根棒更加方便。他最初选用一根与要测的塔一样高的棒，

后来又选用一根比塔高的棒，他在棒上做了记号。这时也有幼儿开始选用一根比塔低的棒，用这根棒沿着塔身移动几次，进行了真正意义上的测量。

研究表明，在教育条件下，5～6 岁儿童对测量能够理解，并表现出很大的兴趣。如他们知道重量是用秤来确定的，教室的长度可以用尺来量、用脚步量等。当问他们怎样才能知道口袋中的米有多少时，儿童们会回答："应该在秤上称一下""放在秤上就知道了"，也有的儿童是按自己已有的经验来回答的："可以用茶杯来测量"。他们还知道要确定物体的长短就应该去量它们；知道自己的身高也是量出来的。不少幼儿还能用各种自然物（如臂长、脚步、小棒、绳子、纸条、瓶子等）测量物体的长短、高矮、粗细、轻重等或用目测大小、步测远近等。但是对于测量的方法，他们还常会说得不准确，如"用米尺量""背靠背站着比""在家里的门上做个记号"等等。

三、幼儿量的概念的教育要求

（一）小　班

1. 会用观察、比较的方法，区别大小和长短不同的物体，会正确运用"大小""长短"等词汇。

2. 能从 4 个大小或长短不相等的物体中找出并说出哪个最大（最长）、哪个最小（最短）。

3. 能按物体的外部特征，如形状、颜色或量（大小、长短）的差异进行 4 以内的物体排序。

（二）中　班

1. 能区别并说出物体的粗细、厚薄、高矮。

2. 能从 5、6 个大小（长短、高矮、粗细、厚薄）不同的物体中找出等量的物体（其中两个是相同量）。

3. 能按物体量的差异，进行 7 以内的正逆排序，会按一定的规律排序物体。

（三）大　班

1. 会用目测和自然测量的方法，比较物体的长短、高矮、宽窄、厚薄和轻重，能正确表达测量的结果。

2. 能按物体量的差异进行 10 以内的正逆排序，能按一定的规律排列物体，初步感知序列之间的传递性、双重性和可逆性关系。

3. 学习量的守恒，知道物体的外形、摆放位置等发生了变化，它的量不变。

模块三　幼儿量的概念教育活动指导

一、感知和比较量的特征

例如，一天，教师和佳佳等几位小朋友一起比高矮，教师问："我是高还是矮？"小朋友说："不知道是高还是矮，因为没有人和老师比。"教师请佳佳小朋友和自己并排站立，说："佳佳小朋友和老师站在一起比，我们俩谁高谁矮？你从哪儿看出来的？"（两人并排比较）"老师高出一部分，老师的个子就是高。"小朋友们纷纷说。教师说："你们小朋友也想比高矮吗？"

通过提问，引导幼儿观察比较高矮、长短、宽窄、厚薄。

教师提供的操作材料应有利于幼儿比较，其差异特点应单一。

设计活动时，应注意：(1)先让幼儿进行实物比较；(2)活动设计应有层次性。

二、引导幼儿学习排序的方法

（一）重叠对应排序

例如，教师提供一个图形的全范例板，上面有一排等差增大的图形片轮廓，要求幼儿把作为排序材料的图形片逐个对应地重叠到范例板的图形轮廓上，进行排序。金教师带领幼儿玩铺小路的游戏，请幼儿将△、○、□逐个对应地重叠镶嵌到范例板的图形轮廓上。这两个活动都是重叠对应排序。重叠对应排序就是利用排序范例板做对应排序的提示，请幼儿把要排序的物体与范例板一一重叠以实现排序。

（二）并置对应排序

例如，教师提供的范例板上有一组等差增大的小兔子，让幼儿用作为材料的萝卜系列图片对应着范例板的兔子系列进行排序，喂小兔子吃萝卜。幼儿在津津有味的喂动物吃食中，练习着并置对应排序。并置对应排序同样是利用排列范例板作为对应排序的提示，只是要求幼儿将排序的物体或图片对应着范例板上的图片或动物轮廓位置进行排序。

（三）独立排序

例如，教师出示三个球，让幼儿观察比较后讨论：这三个球什么地方不一样？教师启发幼儿：把这几个球按大小排列，应该怎样排？都有哪些排列方法？（按幼儿讲述，教师操作）答案可有：(1)从大到小横排；(2)从小到大横排；(3)从大到小竖排；(4)从小到大竖排。教师提问：为什么要这样排？（语言描述物体间的序列关系）请幼儿分组自由操作：(1)按规律排列小石头5～6块。(2)按规律排列树叶，数量由幼儿自定。(3)画一串有规律的糖葫芦。(4)按规律排小棍。教师在幼儿独立排序的操作中，针对他们的发展水平予以相应的指导。如对尚处在两个、三个逐一比较水平的幼儿，同时鼓励幼儿：你真行！自己想办法给石头排队……教师启发说："你们小石头排成怎样的队呀？（即是从大到小排呢，还是从小到大排呢）

按量的差异排列物体的顺序时，要引导幼儿了解以下规则：

（1）要确定排列方向；

（2）要确定排列规则；

（3）要明确排列的起始线。

三、学习自然测量的方法

例 1：游戏时李教师请亮亮和强强在教室的前方和后方分别搭了一座亭子，数学活动时李教师问："怎样才能知道两座亭子哪一座高哪一座矮呢？"幼儿纷纷想办法：把两座亭子放在一起比；不行，不行，这样移容易把亭子弄倒。用尺子量，没有尺子怎么办？用铅笔……有的幼儿想到用铅笔、小棒等自然物做计量工具……。

例 2：一天王教师请幼儿用小棒测量自己桌子、椅子的长和宽，并且记录下来。幼儿可忙开了，等幼儿"完成任务"后。教师请幼儿讨论说出测量的结果，讨论问题：大家测的结果是不是一样？为什么一样？为什么不一样？为什么同一张桌子不一样长的小棍测的结果不一样？引导幼儿再认真测量一次，最后明确正确的测量方法是：测量工具的顶端要和被测量物体的顶端对齐；测量一次后要做个记号；量第二次时，工具的顶端要紧接着记号后面量，这样测的结果才较准确。

例 3：吃完午饭，钱教师带领着幼儿到操场，她请小朋友用脚步测量从攀登架到滑滑梯的距离，请幼儿说说这段路自己走了几步，然后引导幼儿讨论：同样的距离，为什么有的小朋友步数多？有的小朋友步数少？测量结果的多少和什么有关系？

测量是一种运算、一种智慧，处于幼儿阶段的儿童，他们要掌握这种逻辑运算有一个发展的过程。所以，幼儿在学习自然测量时，如上几例，教师有意识地引导幼儿掌握测量的方法，而在这过程中教师还应注意以下问题：

（1）引导幼儿理解测量的要领，掌握测量的方法。为帮助幼儿学习测量，教师可通过一些不同层次要求的活动，引导幼儿主动学习，促进幼儿的发展。例如，测量物体的长度，开始可让幼儿在被测量的物体上摆放量具，即将量具一个接着一个摆放在被测量的物体上。摆好后，将所有的量具数一数，数出的量具总数就是被测量物体的长度。以后，可让幼儿学习在每一次测量的终点做一记号（如用笔画一条线），并让幼儿了解，第一次测量的终点是第 2 次测量的起点，量完后，数一数，一共有几个记号，这个数量，也就是被测量物体的长度。教师必须强调，第 1 次测量的终点，是第 2 次测量的起点，并注意中间不能留着空隙，并引导幼儿讨论怎样画记号，以及从记号处开始量第 2 次……测量时要从一端开始，并按直线进行测量等。

（2）引导幼儿初步理解测量单位与测量结果之间的关系。幼儿掌握测量方法后，可提供他们不同的工具测量同一物体。例如，让幼儿用冰棒棍和筷子测量同一张桌子的边长。幼儿测量以后，教师可提问："你们发现了什么？为什么同一张桌子用冰棒棍和筷子量出的结果会不一样呢？"经过讨论，幼儿了解到，测量的工具大，量的次数就少；测量的工具小，量的次数就多。这一学习经验使幼儿逐步理解了测量单位与测量结果之间的关系，这对幼儿的发展是有重要意义的。

四、其他活动中量的概念的渗透教育

(一)各教育活动中量的概念的渗透教育

体育活动中，向幼儿渗透量的概念的教育。例如，教师在幼儿排队及游戏活动中，可引导幼儿理解并正确地表达、运用"高矮、远近、快慢"等量的概念及词汇。又如，"请按个子高矮排队"，"两只球谁滚的远、谁滚的近"，"两条小沟哪条宽、哪条窄……"，"第几队跑得最快"，带领幼儿跨过"小沟"(窄)、跨跳过"小河"(宽)，带领幼儿举起小哑铃(重)、投出小沙袋(轻)，这些游戏都能促使幼儿的重量感知觉在活动中潜移默化地获得发展。

在语言活动中，请幼儿玩语言游戏"说相反的词"，教师说"长"、幼儿说"短"等可用来练习"大小"、"高矮"、"宽窄"等相对概念的词，帮助幼儿理解这些词的实际意义，训练幼儿思维的敏捷性。

在科学活动中，请幼儿按要求从一些物品中找出最长的和最短的、最粗的和最细的、最宽的和最窄的……看谁找得又快又对。在沉浮小实验中，发现铁块重，它沉下去了；木块轻，它浮在水面上……。

在音乐活动中，请幼儿感受远处和近处的声音变化，鼓励幼儿使用不同的速度、力度、音色的变化来表现音乐的形象、内容等；引导幼儿分辨音乐中比较明显的高低、快慢、强弱、音色变化，感受和表现二拍子音乐和三拍子音乐的不同节拍和情趣。

在美工活动中，请幼儿在画面布局时，逐步知道主要物体画大点，次要的物体画小点；近处的物体画大些，远处物体画小些……

(二)在游戏活动中对量的感知和比较

幼儿游戏是学习行为的一种，开发游戏中数学活动的因素，可促使幼儿主动地获得有关的经验。例如，在"超市"这一角色游戏中，营业员有序地摆放物品，就是幼儿练习排序的过程。在玩水、玩泥游戏时，比比哪个瓶子装的水多，哪个瓶子装的水少？哪块泥重，哪块泥轻？幼儿就是在感受容量和重量。

生活中处处充满着数学，关键是教师要做有心的引导者。在整理、收拾物品时，要求幼儿按序摆放物品，如最大、最重的玩具放在柜子的下面，最小、最轻的玩具放在柜子的上面，一般的玩具放在柜子的中间；将家中的鞋子按大小顺序放好。在日常生活中，可引导幼儿看看、比比，棉衣和罩衣哪个厚，哪个薄？将两个瓶子放在一起掂一掂，辨别哪个轻，哪个重？在幼儿玩游戏时，可让他们比较积木的粗细、厚薄、长短？在幼儿外出散步时，可引导幼儿在周围环境中看看、比比电线与电线杆的粗细；树干与树枝的粗细；小朋友和小树（或向日葵等）的高矮等，借以巩固幼儿对物体量的特征的认识。幼儿初步学会测量后，在日常生活、散步等活动中，教师可为幼儿自由的测量活动创设条件、提供活动的场所以及工具和材料等，引导他们学习测量。例如，量小朋友和小娃娃的床的长度并作比较；量玩具柜的长度和高度；量门和窗的宽度；用脚步量房间的长度和宽度；用小绳量树干或柱子的不同粗细；玩沙、玩水游戏时量一下小桶可以装几碗（杯）沙（水）等，这样可提高幼儿对不同量要用不同量具的理解和对测量活动的兴趣。

（三）在活动区中对量的感知和比较

在活动区中，教师可提供合适、丰富的材料、学具，如教师自己设计的数学棋、沙漏、拼图、接龙卡等，使幼儿通过摸、画、剪、拼、排、贴等形式，在玩中学、玩中乐。例如在“接龙游戏”中，幼儿可练习将大小、长短、粗细、厚薄等一样的接在一起；在“排得快”游戏中，幼儿运用沙漏作为排序物体的计时器，比赛看谁排得又对又快……；在“套桶”游戏中，玩法多样，可从左到右排，可从下往上叠……幼儿在感兴趣的活动区角中，能力强的幼儿可以选择较难的活动，能力弱的幼儿可以选容易的。每位幼儿都能自由自在地在没有压力的环境中主动操作，积极地获得数学的感性经验与初步的逻辑知识，同时也促进了幼儿大脑的积极思维。

【单元小结】

有关量的教学活动是幼儿数学活动中的一个组成部分，本单元在对量的概念和度量的知识进行简单介绍的基础上，分析了幼儿对量的认知特点，明确了对幼儿进行一般量的内容与要求，有针对性地阐述了其教学活动的设计与组织。

【思考题】

1. 幼儿认识量的概念有什么发展特点？
2. 幼儿认识量的概念的教育要求是什么？
3. 设计一个幼儿认识量的概念的活动方案。

【数学活动实例】

数学活动实例一

活动名称

小小树医生

活动目标

1. 各种材料、各种方法测量树，知道树干有高矮、粗细等。

2. 初步学习测量及记录的方法。

活动准备

1. 户外。

2. 长短绳子、各种尺（长短直尺、卷尺、三角尺）、记录纸、笔、竹竿等，地上画有刻度线。

活动过程

一、引导幼儿用目测的方法观察树，用语言简单表述出树的不同。

1. 小花园里的树真多，你知道它们的名字吗？

2. 这些树长得一样吗？怎么不一样？

二、组织幼儿开展讨论，寻找测量树干粗细的方法。

1. 刚才小朋友说树干有粗细，哪棵粗，哪棵细？你是怎么知道的？（目测）

2. 有没有办法知道到底有多粗？有多细呢？

幼儿讨论：用手环抱、尺量、绳子量……

三、幼儿自由选择各种材料测量雪松后交流。

1. 粗　细

（1）用什么材料测量？有多粗（在记录纸上记录）？什么方法测量的？

（2）（选择用绳子测量的）怎样知道测出来的数字是多少？

（3）为什么测量出的粗细不一样？（有的测底部、有的测中部）

2. 高　矮

（1）小花园里哪棵树最高？

· 有多高？你怎么知道？（目测：用尺无法测量高度时可目测）

· 怎么记录？

（2）瓜子黄杨树长得高不高？怎么测？（直接测量）

（3）龙柏树长得不高不矮，有什么方法测量？

· 用钢皮卷尺直接测量；

· 用竹竿等替代物量，然后竹竿放地上用尺量。

四、小小树医生

1. 医生每年都要给小朋友体检，量量身高和胸围。现在请你们来做树医生，给这些树检查身体。幼儿每人选择一棵树进行高矮、粗细的测量，并把数字记录在记录表上。

2. 互相交流记录结果。

数学活动实例二

活动名称

认识宽窄（中班）

活动目标

引导幼儿认识宽窄，在比较中区分宽窄。

活动一：比比看

有益的学习经验：

1. 幼儿喜欢参与探索活动，会运用感官比较两个以上物体的宽窄。

2. 发展幼儿的观察、比较能力，知道物体特征的相对性和可变性。

活动准备

1. 经验准备：知道比较物体的方法（重叠法、并列法）。

2. 物质准备：电脑、课件，各种宽窄不同的纸板若干，活动室置放宽窄不同的物体。

活动过程

一、小客人“皮皮”导入活动

1. 出示各种纸板，引导幼儿观察并发现纸板的不同。

2. 介绍活动材料，提出操作要求。

二、游戏：帮助小客人

1. 启发幼儿用不同方法比较宽窄。

2. 引导幼儿按意愿分组比较各自的纸板，交流比较结果。

关注点：幼儿会用正确方法比较物体的宽窄。

三、游戏：小小修路工

幼儿同宽窄不同的纸板拼搭各种路，并比较宽窄。

四、游戏：超级变变变（课件）

1. 幼儿按指令出示自己手中宽、窄不同的纸板。

2. 幼儿按要求出示后，再相互比较宽窄。（了解宽窄的相对性和可变性）

关注点：幼儿知道物体特征的相对性和可变性。

五、游戏：找找看

寻找课件、教室中宽窄不同的物体。

活动二：排排队

有益的学习经验：

1. 幼儿进一步感知出物体的宽窄，并用相应的词描述物体的差异，体验宽窄的相对性。

2. 幼儿能与同伴合作进行操作比较活动。

活动准备

1. 经验准备:幼儿能够熟练比较物体的宽窄。

2. 物质准备:不同宽窄的彩纸,宽窄的纸条若干(同颜色、同长度;同颜色、不同长度),按宽窄差异排序好的材料纸各一张,录音机、磁带。

活动过程

一、小客人“皮皮”导入活动

今天我们一起来做游戏。

二、游戏:比一比

幼儿运用不同方法比较宽窄,并正确描述。

三、游戏:排一排

幼儿出示全部彩纸,请幼儿讨论:可以怎样有规律地排列?(宽→窄;窄→宽;宽窄宽窄……;窄宽窄宽……,等等)

四、游戏:变一变

1. 幼儿按教师出示宽窄差异排序好的图示,进行宽窄排序操作。

2. 幼儿按教师出示符号规律,进行相应宽窄排序。

活动延伸

1. 在日常生活中随机引导幼儿比较物体的宽窄。

2. 美工活动:折宽窄不同的扇子。

3. 走宽窄不同的路。

数学活动实例三

活动名称

自然测量

活动目标

1. 学习自然测量,掌握正确的测量方法。

2. 知道量具的长短与测量的结果有关,量具越长(或大)测得的次数越少,量具越短(或小)测得的次数越多。

3. 同伴之间能相互合作、大胆交流。

活动准备

测量工具(各种长棍、尺、绳子、纸盒等)、笔、记录纸、黑板、摸箱、标记图。

活动过程

1. 导入:将幼儿分成五组,进行跑步比赛。

师:你们知道刚才跑了有多远?有什么办法知道呢?(量一量)

2. 提出测量要求：这里有许多材料，每组商量一下选一种材料进行测量，并将测量的工具和结果记录下来交给老师。

3. 幼儿第一次尝试测量，教师观察幼儿的测量方法是否正确，并指导幼儿与同伴合作。

4. 请测量方法正误的两组幼儿分别演示，师生讨论哪种方法测出的结果更精确。教师讲解正确的测量方法(第一次测量的结束处是第二次测量的开始处，依次接着量)，如果幼儿测量的都正确，也请一位幼儿示范，教师加以解释。

5. 请幼儿反思刚才本组测量的方法是否正确，进行第二次测量验证第一次的测量结果。

6. 请每组推选一位幼儿介绍本组的测量结果。

7. 提出问题，引起幼儿思考：为什么测量的结果不一样？(因为用的量具不同，有的长、有的短，量具越长(或大)测得的次数越少，量具越短(或小)测得的次数越多)

8. 游戏：找宝藏。(第三次尝试测量)

幼儿从摸箱里摸出一张画有宝藏地点的标记图，根据图进行测量，找到宝藏。

9. 教师小结：今天我们学会了用各种工具进行测量，还知道了测量的结果和量具的大小、长短有关。除了今天用的量具外，还有哪些东西可以用来测量呢？小朋友回去后找一找、试一试，好吗？

数学活动实例四

活动名称

搭高比赛(中班)

活动目标

1. 认识高矮，感受“高与矮”的比较是相对的。

2. 能和同伴使用游戏。

活动准备

桌子与椅子若干，红、绿、黄、蓝、橙等彩色小方块积木若干(每位幼儿10块)。

活动过程

1. 示范比赛

(1)在同一平面上比

两位幼儿同时在桌面上进行小方块积木搭高比赛，当教师发出结束信号后立即停止，比一比谁搭得高。

(2)在不同平面上比

两位幼儿同时开始搭小方块积木(一位幼儿在椅子上搭，一位幼儿在桌子上搭)，听到结束信号后立即停止，比一比谁搭得高。

如果在桌上搭的积木比在椅子上搭的积木高，能判断出在桌上搭积木的幼儿为胜吗？（不能。因为不在同一平面上，桌子比椅子高）

要比出高矮，怎么办？（放在同一平面上比，把椅子上的积木移到桌子上，或把桌子上的积木移到椅子上）

两样或两样以上的物体比较高矮时，要在同一平面上进行比较。

2. 分组比赛

各组幼儿在规定时间内用小方块积木在桌子上进行搭高比赛，比赛停止时，先两两结伴比较高矮，再在同一小组6位幼儿间比出搭得最高的和最矮的。

活动延伸

1. 亦可用大型积木在教室地面上搭建物体比高矮。

2. 同伴之间比较高矮，比出班级中谁最高，谁最矮。

3. 引导幼儿比较教室中物体的高矮，如组合柜最高，小椅子最矮。

数学活动实例五

活动名称

长度守恒

活动目标

1. 使幼儿初步感知长度守恒，对量的守恒感兴趣。

2. 在尝试与比较中鼓励幼儿积极思考，发展其逆向性思维和发散性思维。

3. 培养幼儿小心验证的科学品质。

活动准备

会使用自然测量。

活动过程

1. 教师演示，它们一样长吗？（初步感知长度守恒）

①出示2条长度相等的毛线，这两条线一样长吗？你是怎么看出来的？（根据幼儿讲述进行演示、比较）

②将其中一条线摆放成s形，现在这两条线一样长吗？你是怎么知道的？（根据幼儿讲述进行演示、比较，引导幼儿初步了解长度的守恒）

③出示例图，这两条线一样长吗？（排除箭头干扰）你是怎么知道的？（如幼儿意见出现分歧，借助测量工具，如火柴或小棍来验证。培养幼儿验证的习惯）原来有时候眼睛看到的并不准确，我们还是要认真仔细地比较、检查一下。

2. 幼儿操作，进一步感知长度守恒（工具：毛线/火柴）

①教师讲解要求：任选一张图，比较图中2条线的长度是否相同。（可借助工具进行测

量，引导幼儿根据线条的不同，选择合适的工具）

②幼儿自由选择，进行操作。

③请个别幼儿演示自己的测量过程。

④小结：帮助幼儿理解长度守恒。

3. 请个别幼儿演示自己的测量过程。

4. 拼搭火柴（毛线），巩固长度守恒。

①讲解要求：利用相同数量的火柴（相同长度的毛线），拼搭出不同线形。

②幼儿自由拼搭，利用双面胶将火柴（毛线）粘在白纸上。

③幼儿自由交流。

活动延伸

利用不同材料，组合拼搭出长度相等的不同线形（如毛线的曲线和火柴的折线）。

数学活动实例六

活动名称

比较轻重

活动目标

1. 能知道物品具有轻重不同的特征。

2. 运用感官比较两个物体的轻重。

活动准备

书包两只（一只空的，一只装书），笔、玻璃瓶、铁块、石头、积木、盘子等实物，作业单若干。

活动过程

1. 运用感官比较轻重。

出示装书的书包与空书包，请幼儿背一背。

提问：两个书包有什么不同？

结论：空书包轻，装书的书包重。

2. 幼儿分组操作，感知各种材料的轻重。

从盘中取两个物品，比比是否一样重，什么轻，什么重？

3. 幼儿操作练习：该放几个苹果？

在作业单上画上所缺的苹果。

第八单元　幼儿认识时间概念的活动指导

【学习目标】

1. 理解幼儿认识时间概念的发展特点；
2. 掌握幼儿认识时间概念的教育要求；
3. 掌握幼儿认识时间概念的活动形式；
4. 应用幼儿认识时间概念的活动要求，设计相应的数学活动方案。

模块一　幼儿认识时间概念的发展

一、幼儿时间概念的发展

幼儿时间概念发展的特点是：越是与他们的生活有联系的时间单位，如早上、中午、晚上等，幼儿越容易掌握；而那些与幼儿生活联系不紧密的时间单位，如分钟、小时等，则较难以掌握。幼儿对时间的理解是从和生活联系紧密的“一天”开始的，然后逐渐向更长和更短的时间延伸。

1. 小　班

小班幼儿能掌握一些最初步的时间概念，如早上、晚上、白天、黑夜，但对时间的理解往往和生活中的事件相联系，而对具有相对意义的时间观念，如昨天、今天、明天还不能掌握。

2. 中　班

中班幼儿能知道早晨、白天、晚上、夜里就是一天，逐步能够认识今天、明天和昨天。

3. 大　班

大班幼儿对时间的认识逐渐向更长、更短的时间段扩展。他们能认识前天、后天，具有“星期”及“几点钟”的概念。但是整个学前期对更大或更小的时间单位还不能掌握。

二、幼儿时间概念发展的一般特点

（一）主观性

例：教师组织幼儿们到电教室看录像片《蓝猫三千问》，幼儿们专注地看着，开心极了……教师说：“时间到了，今天就看到这里，明天再接着看。”幼儿不情愿地噘着嘴说：“还没看过瘾。时间怎么就到了？”

（二）含糊性

例：星期二上午，洋洋（中班）对亮亮说："昨天我爸爸带我去了玄武湖玩的呢……"亮亮说："你骗人，昨天我们一起玩游戏的呢？"洋洋委屈地哭了……实际上是不久前的一星期六爸爸是带洋洋到玄武湖看动物、玩儿童乐园的，他玩得开心极了。

（三）易受实际生活经验影响

例：亮亮2岁半时，一天晚上睡觉前洗着澡对妈妈说："妈妈，早晨好！"妈妈说："不对，你在早晨可以这样说，而现在是晚上呀。"亮亮说："这有什么区别？"妈妈笑着说："早晨天是亮的，人们开始干活，而晚上天是黑的，人们要躺下睡觉，在晚上应该是'晚安'。"亮亮摇摇头说："不，穿睡衣的时候才应该说晚安，现在是刚刚洗澡，应该说'早安'。"

（四）易和空间关系混淆

幼儿常把一个物体移动的距离远近与时间的长短混同起来，不会考虑速度。

三、幼儿时间概念发展的年龄特点

幼儿对时间的理解和他们的生活经验是紧密相关的。

1. 小　班

小班幼儿能掌握一些最初步的时间概念，如早上、晚上、白天、黑夜，但对时间的理解往往和生活中的事件相联系。比如，早上就是起床的时候；上午就是上幼儿园的时候；下午就是妈妈来接的时候；晚上就是看电视；夏天穿裙子；冬天穿棉袄；下雪是冬天……

2. 中　班

中班幼儿能理解并会说出早晨、白天、晚上、夜里等词汇，而且知道早晨、白天、晚上、夜里就是一天。在此基础上，逐步能够认识今天、明天和昨天。知道昨天就是刚刚过去的一天，今天过去了就是明天。

3. 大　班

大班幼儿按自己的认识方式对遥远的时间予以理解。一方面，幼儿对时间的认识逐渐向更长、更短的时间段扩展。不仅能理解前天、后天的含义，还能具有"星期"的概念，知道一个星期有7天，分别是从星期一到星期日。可见在适当的引导下，幼儿对一些历史事件时间的遥远性在一定程度上也是能够理解的。另一方面，幼儿对"几点钟"也有了较好的认识，而且能学习认识时钟，学会看整点和半点的时间。此外，大班幼儿对时间的周期性也有了初步的认识。但是整个学前期对更大或更小的时间单位还不能掌握。

例：一天，爸爸妈妈谈论着去中山陵游玩。亮亮（5岁半）对此表示出喜悦。妈妈说："我们去中山陵游玩，还要上中山墓看孙爷爷。""哎呀！妈妈你多么可笑！孙爷爷早死了。""很早吗？""很早，老师说过的，孙爷爷死的时候还没有爸爸妈妈呢！妈妈你知道，如果他不是劳累死的，他现在也早就老死了。大概在我很小很小的时候死了。”

模块二　幼儿认识时间概念的教育要求及活动指导

一、幼儿初步时间概念的教育要求

1. 小　班

初步理解早上、晚上、白天、黑夜的含义，并能正确地运用这些时间词汇。

2. 中　班

理解昨天、今天和明天的含义，知道它们之间的关系，并能正确地运用这些时间词汇。

3. 大　班

(1)认识钟表，学会看整点和半点的时间。

(2)学会看日历，知道一个星期有 7 天，以及这 7 天的名称和顺序。能说出今天是星期几，昨天是星期几，明天是星期几。

二、幼儿初步时间概念的活动指导

生活经验是幼儿感知和理解时间概念的基础。幼儿对时间概念的理解是通过日常生活中对时间关系的经验和体验逐渐发展起来的。所以引导幼儿认识时间应主要通过日常生活来进行，而不是集体的教学活动。在一日生活中逐步使幼儿感受一日生活中各主要活动的时间：认识计时工具，会看时钟，会记录时间，能体验到时间的流逝。

(一)帮助幼儿学习并理解时间的词汇

引导幼儿认识时间，首先要引导他们认识有关时间的词汇。汉语中表示时间的词汇很多，有的词汇是表示时间段的，如今天、上午、小时等；有的词汇是表示时间先后关系的，如先、后、然后、最后等；有的词汇是表示过去或将来时间的，如已经、正在、将要等；有的词汇是表示一些不确定的时间的，如从前、一天、有时等。教师可以通过谈话引导幼儿学习使用一些表达时间的词语。例如，问幼儿：早晨是谁送你上幼儿园的？昨天你在家里做了什么？现在是几点钟，你带着娃娃干什么？超市几点钟下班？……引导幼儿认识、理解并正确运用这些表示时间的词汇，有助于他们正确地理解时间要领和时间关系。

(二)在日常生活中引导幼儿关注时间，渗透时间的教学

幼儿的一日生活中有各种各样的机会接触到时间关系。教师应启发幼儿，渗透时间的教学。例如，星期一谈话时，教师可以和幼儿交谈星期天在家的生活，问幼儿：“你昨天在家里做了什么？”离园前与幼儿交谈：“今天你学了什么本领，中午吃了什么菜？”“明天你们组谁

做值日生?”在记天气日记时,更可以引导幼儿认识什么是昨天、什么是今天,一周有几天晴天,几天下雨? 对于大班幼儿,还可以结合重大节日和幼儿园或班级重要活动及幼儿的生日采用倒计时的方法,帮助幼儿理解将来的时间,如“春节”、“国庆××周年”,让幼儿体验期待所用的时间。

在娃娃家的游戏中,教师也可以引导幼儿:现在是什么时间了,你带着娃娃干什么? 幼儿必然会把自己要做的事情和一定的时间联系起来。比如,幼儿会说:现在天黑了,娃娃要睡觉。

(三)有意识地向幼儿提出完成任务的时间要求,培养幼儿的时间观念

教师在一日生活中,可以有意识地向幼儿提出完成任务的时间要求。比如,游戏结束时,教师告诉他们:请你们把玩具收好,再过 5 分钟,我们到外面排队做操。5 分钟以后,教师就请幼儿到外面排队。幼儿在这个过程中就感到了 5 分钟是什么含义。还可以通过一些比赛性的活动,如看谁穿衣穿得快,让幼儿体会做事的快慢,进而体会时间的快慢。幼儿通过自己的活动,能获得对时间的真切体验。而教师经常对幼儿提出时间要求,对于培养幼儿做事的时间观念也是很重要的。

(四)帮助幼儿理解时间的先后关系

认识时间的先后关系对于发展幼儿的逻辑思维,特别是序列观念很重要。教师在指导幼儿进行种种操作活动时,应让他们明确:先做什么,再做什么,最后做什么,以及这些程序在时间上的先后关系。这样有助于幼儿在头脑中建构这些动作之间的逻辑关系,如在阅读图书的活动中,教师在引导幼儿理解每幅图画之间的逻辑联系时,也可关注它们的时间先后关系。结合日常活动可以提供一些表示时间的标记,如将某一周的日历做成标记卡,让幼儿在这一周里每天做一张图画日记(将当天印象最深的活动用小图片记录下来)。一周结束后,组织儿童将自己的图画日记和日历标记卡进行配对和按时间先后排序,并可相互交流,说说自己在一周某一天做过的事情,也听听别人在这一天做过的事情。如果将这个活动持续进行下去,还可以引导幼儿发现时间的周期性,如第二周又有一个从星期一到星期日的过程。

时间不易让幼儿直接感知,因为它不是一种有形物体,对时间的认识可以和一定的事件联系起来,因为任何一件事情的发生、发展、结束都伴随着时间的流逝。为此,教师可提供有关事件发展顺序的图片,要求幼儿按事件发生的顺序排列图片,并讲一讲事件的发展经过……

【单元小结】

有关时间的教学活动是幼儿数学活动中的一个组成部分,本单元在对时间概念的知识进行简单介绍的基础上,分析了幼儿对时间的认知特点,明确了对幼儿进行时间教育的内容与要求,有针对性地阐述了其教学活动的设计与组织。

【思考题】

1.幼儿认识时间概念有什么发展特点?

2.幼儿认识时间概念的教育要求是什么?

3.设计一个幼儿认识时间概念的活动方案.

【数学活动实例】

数学活动实例一

活动名称

时间排序

活动目标

1.能够区分早晨、中午、晚上。

2.能够和大家讨论,按照自己的生活常规,排列和简单讲述自己的一日生活。

活动准备

教材画面的图片。

活动过程

结合幼儿对时间认识的已有经验,引导幼儿将时间与自己的生活进行联系,从而能够比较清楚地区分早晨、中午和晚上,并通过排序的方式让幼儿形成和加深对顺序的理解。

1.分别出示图片。

请幼儿观察图片,讲讲它们分别是发生在什么时候的什么事情。

2.找出一天中最先发生的事情(图片)和最后发生的事情。

3.任意取两幅图片,比较发生的先后,逐步排列出所有事情的顺序。

4.用数字1～8表明事情的先后顺序。

请幼儿完整讲述一遍。一直到所有图片都按照顺序排完,并在图下写上表示先后顺序的数字。

针对幼儿的个体不同,教师可适当减少图片的张数,以减轻部分幼儿的难度,以调动幼儿学习的积极性。

数学活动实例二

活动名称

认识时钟

活动目标

1.通过观察及幼儿自身的尝试活动来认识时钟,初步了解时针、分针之间的关系,掌握整点、半点并知道其规律,结合日常生活理解时钟的用途。

2. 培养观察力、思维力、动手能力及大胆尝试精神。

3. 教育幼儿每天准时来园，养成良好的生活习惯。

4. 培养爱科学的意识和激发幼儿热爱劳动人民的情感。

活动准备

1. 创设“钟表展览馆”的教学环境。

2. 人手一只可以拨动的小时钟。

3. 反映幼儿一日生活内容的图片（起床、上学、午饭、午睡等）及时钟演变过程图片。

4. 可以用来自制钟面的有关材料（如长短针、1～12的数字、各种形状和造型的硬板纸或吹塑纸若干）。

活动过程

一、创设尝试情境，激发幼儿尝试欲望

边听《在钟表店里》的音乐，边把幼儿带进“钟表展览馆”，引导幼儿欣赏各种各样的钟表，激发幼儿学习的兴趣。

师：请小朋友仔细看看、找找、比比，这些钟表有什么地方是相同的？再想想，工人叔叔和阿姨为什么要设计、制造这些钟表？

二、观察活动

通过观察活动比较钟表上时针、分针的不同，认识12个数字以及数字的排列位置。

提问：

1. 每只钟面上都有什么？（出示3只不同形状的时钟，幼儿找出钟面上都有两根针和1～12的数字）

2. 比比看，两根针什么地方不一样？（长短、粗细之分）它们的名称叫什么？（了解时针、分针的名称）

3. 钟面上的数字排列位置是怎样的？（认识典型的几个数字位置12、9、3、6）

三、幼儿第一次尝试活动

让幼儿理解并掌握分针、时针与数字的关系（幼儿人手一只时钟）。

提问：1. 请小朋友看一看钟面上时针和分针都指在哪一个数字上？（12上）

2. 请小朋友把时针从12拨到1上，看一看分针有什么变化？（分针从12走一圈又回到12）

3. 小朋友自己拨钟试一试，然后把你的发现告诉大家。

4. 得出结论：当时针走一个数字（一格），分针就要走12个数字（一圈），这就是1小时。

四、认识整点、半点，寻找和发现它们之间的规律，建立正确概念

1. 教师操作演示：一只钟两根针都指在12上；一只钟时针拨到1上，分针拨到12上；另一只钟时针拨到12和1的中间，分针拨到6上。

2. 提问：①三只钟有什么地方不一样？它们分别代表几点钟？②整点时，分针总是指在哪里？半点时，分针指在哪里？③想一想，2点整时，时针应在哪个数字上？分针应在哪个数字上？1点半时，时针指在哪里？分针应在哪个数字上？

3. 老师归纳：整点时，时针指在一个数字上，分针总是指在12上；半点时，时针指在两个数字的中间，分针指在6上。

4. 幼儿第二次尝试练习：①按老师的要求拨整点、半点；②结合日常生活图片拨出整点、半点，小组中的幼儿互相检查准确与否，并说一说时针、分针指向的数字。

五、教师总结时钟的有关知识内容

六、帮助幼儿理解时钟的功能，重点说明时钟与人类生活的关系

1. 提问：小朋友，你们家里有钟吗？你还在什么地方看见过钟？为什么那么多的地方都要用到钟呢？（启发幼儿结合生活经验或看图片来说出钟的用途）

2. 教师归纳：时钟和手表都是计时工具，它可以告诉人们，现在是什么时间了，应该干什么事情了；它可以帮助人们形成良好的生活习惯，钟是人类的好朋友。

小朋友认识了钟，可以按时起床，按时上幼儿园。老师可以根据钟上的时间按时上课，按时做游戏，按时让小朋友吃午饭，钟的用处可大啦。

七、出示时钟演变过程的图片，让幼儿简单了解从古到今计时器的变化，激发幼儿尝试探索知识的兴趣

师：古时候没有钟，人们用沙漏、日晷、滴水的方法来计时。日晷在常州的天宁寺就有，小朋友可去看看。随着科学的发展，聪明的叔叔阿姨设计、制造了各种各样的钟和表（闹钟、石英钟、音乐钟、工艺钟、手表、怀表），给人类生活带来方便，还可以美化人们的生活。小朋友，你们现在好好学习，长大后也来发明创造出更多更美的钟和表，好吗？

数学活动实例三

活动名称

星期妈妈和孩子们

活动目标

1. 复习巩固1～7的序数，2～6的邻数。

2. 认识时间“星期”，了解其顺序性、周期性、初步形成“星期”概念。

3. 激发幼儿对时间的兴趣，积极、主动、快乐地参与学习活动。

活动准备

1. 教具学具方面：星期转盘操作材料若干套（与幼儿的小组数相同），童话故事《星期妈妈和孩子们》。

2. 幼儿知识经验方面：学习零以内的序数和邻数，通过挂历、台历对“星期”时间概念有

初步了解。

活动过程

1. 复习巩固：1～7的序数，2～6的邻数。

(1)复习序数：出示1～7的数字娃娃(排列无序)，请幼儿帮助数字娃娃按从小到大的顺序排队，并讲出第一、第二……第七各是哪个数字娃娃，老师出示大写数字表示。

(2)巩固邻数：以"数字娃娃找邻居"的游戏进行。

例如，老师以数字娃娃的口气问，我是2，我的邻居是几和几？请小朋友帮助我，帮我找出好邻居。幼儿可回答二、二、二，你的邻居是一和三，一和三是你的好邻居。

2. 新授：认识时间"星期"，了解其顺序性、周期性。

(1)听童话故事《星期妈妈和孩子们》

第一遍教师口头讲述故事后提问：童话故事的名称及故事里讲到了谁？(教师出示星期妈妈的图片)她想干什么？幼儿回答后，教师交代本节课新授内容是认识"星期"，并提出以下问题：星期妈妈一连生了几个孩子？她给孩子取了什么名字？穿什么颜色的衣服？请幼儿再听一边故事。

(2)再次听故事

边讲边出示星期娃娃图片(打乱星期一至星期日的顺序)，然后请幼儿回答以上问题。

需要强调的是：星期妈妈的第一个孩子是谁？第二个孩子是谁？……最后一个孩子是谁？让幼儿帮星期妹妹排队，明确星期的顺序性。

(3)转盘游戏：找邻居(教师示范转动转盘，然后可请个别幼儿操作)

规则：转动转盘后，指针指到星期×，就请小朋友讲出星期×的两个邻居。(例如，星期二，星期二的两个邻居是星期一和星期三)游戏反复进行4～5次。

突出强调：星期日的邻居是谁啊？(意在突破星期的周期性这一难点，让幼儿具有明确的周期意识，即一个星期有7天，一个星期结束，下个星期开始)

3. 操作活动：转盘游戏"找邻居"

幼儿分成若干组，每组一个星期转盘，一组幼儿轮流转动转盘，同组全体幼儿共同讲述指针所指星期×的两个邻居是星期×和星期×。

4. 引导评价

幼儿与教师一起谈谈这节课认识了什么，明白了什么道理，以及玩星期转盘游戏的感受。

5. 分组进行角色游戏："找邻居"

7名幼儿一组，分别带上星期娃娃头饰，扮演星期一至星期日7个角色形象，手拉手围成圈，顺时针转动，边转边说：星期一、星期二……星期日，7个娃娃在一起，快快乐乐做游戏，游戏的名字叫"找邻居"。

接着星期一先发问：我是星期一，我有两个好邻居，我的邻居是几和几？其余六个星期娃娃可回答：星期一，星期一，你有两个好邻居，你的邻居是星期日和星期二。

接下来由星期二、星期三……星期日顺次提问，方法同上，游戏延续进行。

附童话故事：

星期妈妈和孩子们

星期妈妈一连生了七个孩子，她皱着眉头说："我还得给他们取七个好听的名字呢！"

星期妈妈看着孩子们，想呀想呀，觉得他们非常可爱，非常漂亮，于是她高兴地说："有了、有了，好听的名字有了。"她边说边伸出手指，轻轻地点着孩子们的脑袋说："梅花、桃花、兰花……"可是她只报了三个名字就停止了，"唉！不行、不行，这不是跟花儿们的名字一样了吗？"

星期妈妈又看着孩子们，想呀想呀，觉得他们非常聪明，非常伶俐，于是他又快乐地喊起来："有了、有了，好听的名字有了。"她边说边伸出手指，轻轻地点着孩子们的脑袋说："宝宝、聪聪、明明、伶伶、俐俐……"可是念到这儿，她又停住了，"哎呀，不行、不行，这不是和小朋友们的名字一样了吗？"星期妈妈又想呀想，突然，她拍着自己的脑袋自言自语地说："啊哈！有了、有了，我的孩子是一天接一天生的，就按他们出生的次序来取名吧！""、星期六、星期七，"星期妈妈说到最后一个孩子的名字"星期七"时，感到这个名字很别扭，她想了一下说，"一天生一个孩子，一天就是一日，星期七就叫星期日吧"。星期妈妈取好了七个名字，嘘了一口气，高兴地说："好啦、好啦，七个好听的名字总算取好了。"

过了一会儿，星期妈妈拿来两件红衣服说："星期六、星期日是我七个孩子中最小的两个孩子，就让他们穿上最漂亮的红衣服吧！"星期一、星期二、星期三、星期四、星期五这五个孩子长得白白胖胖，星期妈妈说："给他们穿上黑衣服最漂亮。"于是她又拿来五件黑衣服，一边给他们穿，一边笑嘻嘻地说："黑衣服、黑衣服，黑里衬出白皮肤，衣服黑，皮肤白，人人见了都喜爱。"

星期妈妈的孩子们渐渐长大了，他们不但学会了走路，而且，还经常爱拉手围在妈妈身边，跳起快乐的"圆圈舞"呢！

数学活动实例四

活动名称

超市几点开门（大班）

活动目标

1. 认识时钟，知道钟面上有分针、时针以及1～12的数字。

2. 初步认识整点，学习整点的记录方式。

3. 能较专注地参与活动，积极动脑思考。

活动准备

1. 经验方面：幼儿在生活中观察过钟表。

2. 物质方面：

(1)教具：实物钟面一个，整点的时间记录卡若干。

(2)学具：幼儿人手一个小钟面，时间记录卡若干，幼儿用书、铅笔人手一份。

活动过程

1. 了解钟的作用

(1)谈话：今天，明明想到商店去买东西，可是妈妈说商店要到9点钟才开门。那我们看什么就能知道现在是几点钟呢？

(2)幼儿根据已有经验回答：手机、时钟、手表、电脑、电话机……

(3)教师小结：我们可以通过看手机、手表、时钟、电脑来知道现在是几点钟，它们可以让人们知道时间，给我们的生活带来了方便。但是，在我们生活中最常用的是时钟。

2. 认识钟面

(1)教师出示实物钟面：今天我也带来了一只钟，看看钟面上有什么？

(2)引导幼儿观察钟面：钟面上有几个数字？（一起说一说）钟面上还有什么？（指针）有几根指针？（3根）三根指针一样吗？（有的指针长长的叫分针，有的指针短短的叫时针，不停地在走动的是秒针）谁会用身体动作来表示三根指针？我们一起来学一学。

(3)教师小结：钟面上有数字、有指针。数字是按照1--12的顺序排列在钟面上的，12在上面，6在下面，3和9在左、右两边。指针有三根，它们的长短不同，最短的是时针，最长的是分针，不停地在走动的是秒针。

(4)游戏“我说你做”：教师说指针的名字，幼儿做相应的动作。（教师根据幼儿熟练的程度加快速度）

3. 认识整点

(1)游戏“捉迷藏”：现在时针和分针想和大家玩个“捉迷藏”的游戏，你们想玩吗？请你们闭上小眼睛。

(2)教师将时针和分针都拨到12，请幼儿观察并讲述：看看什么针藏起来了？时针藏到哪里去了？时针和分针在数字几上？猜一猜，现在是什么时间？（12点）你是怎么知道的？

(3)教师小结（出示12点整的钟面）：分针和时针都在数字12上，所以是12点整。

(4)现在它们还想和大家来玩个游戏，请你们看仔细了。教师再拨1点整，请幼儿观察。提问：刚才分针是怎样转的？（分针转了1圈）分针转了一圈，时针走到哪了？（时针从数字12走到了数字1上）

(5)小结：分针走一圈，时针走了一格。猜一猜，现在是什么时间？（出示1点整的钟面）

(6)引导幼儿观察两个钟面，发现时针和分针的位置：你们发现这两个钟面上的分针和时针在数字几上了吗?

(7)教师小结:当分针指到数字12上,就是整点,这时时针指向几,就是几点整。

(8)教师带幼儿拨整点。

4. 学习整点记录的方式

(1)刚才你们学会了拨整点,那你们想来记录时间吗?

(2)教师出示时间记录卡:时间记录卡上有什么?

小结:时间就用":"来表示,":"的前面记录时针的位置,":"的后面记录分针的位置,整点时分针记录为"00"。

(3)教师带幼儿一起记录"12:00"。请个别幼儿记录"1:00"。

(4)幼儿操作活动"你说我拨"。

教师说操作要求:老师为你们准备了时间记录卡,请你们两人合作,一个人说整点时间,另一个人拨出时间并记录,然后再交换。

(5)请个别幼儿来说说自己是怎么拨整点的。

(6)教师小结:你们都学会了拨整点和记录时间这个本领,我还想来考考你们!

5. 幼儿操作活动

(1)请幼儿来说说第一题的要求:看钟面记录时间。

(2)教师带幼儿一起看第二题:请幼儿观察图上的动物在干什么?并给小动物连接相应的时间。

6. 作业讲评

请作业书写整洁的幼儿来展示。

数学活动实例五

活动名称

倒计时

活动目标

1. 了解倒计时的含义,对计算倒计时的方法产生兴趣。

2. 体会倒计时给我们生活带来的方便。

活动准备

相关图片若干、月历、笔。

活动过程

一、模拟看红绿灯过马路

1. 导入:前几天老师在马路上拍了两张照片,这两张照片哪里不一样?

思考:红绿灯跳动的数字不一,和我们过马路有关系吗?

2. 模拟过马路(两位幼儿先后模拟过马路,其余幼儿倒着数)。

3. 说说各自的发现:这里的数字是倒数的,数字越来越小,时间越来越短……

体会:绿灯上的数字告诉我们,时间越长,过马路越安全;时间越短,过马路越危险。有了倒计时,我们过马路就更加方便、安全了。

4. 绿灯上的数字是怎么变化的?(了解用倒着数的方法发现数字是由大到小来表示时间由多到少的变化的)

二、寻找生活中的倒计时

1. 说说生活中的倒计时现象。

2. 教师依次出示照片,了解在我们的生活中有很多倒计时现象。

3. 进一步发现在使用倒计时时,有的倒计时用"秒"(奥运会开幕式、火箭发射等),有的倒计时用"分"(电扇、微波炉、电热毯等),有的倒计时用"天"(世博会等)。

三、尝试计算倒计时

1. 激发幼儿计算倒计时的愿望:3 月 20 号,我们要去春游了,让我们一起来做个春游倒计时牌吧。

思考:今天是几月几号?除了要找到今天的日期,还要找到哪个日期?

2. 交流采取计算倒计时的方法,如顺着数;两个两个数;倒着数;春游的那天不算进去等。

3. 发现有了春游倒计时,让我们很清楚地知道今天离春游还有 11 天,可以在这一段时间里为春游做准备。

活动延伸

1. 为最近的节日做倒计时牌。

2. 为离园做倒计时牌。

数学活动实例六

活动名称

看日历(大班)

活动目标

1. 知道 1 年有 12 个月,一月有 30 天或 31 天(基本),一星期有 7 天。

2. 积极参与智力游戏,乐于动脑。

活动准备

日历一本,6 月份日历一张(放大范例),智游玩分牌黄、蓝各 6 张,幼儿人手一份日历纸,两人合用日历纸及五子棋一份,红蓝正误牌子人手一份。

活动过程

1. 猜谜活动

“大大的一本书，一天看一页，看完这本书，大家过新年。”猜猜这是什么？（教师出示日历）

2. 看日历

观察日历本，今天是二OO几年？（2013年）看看现在是几月份？（2月份）今天是几号？（18号）明天是几号？（19号）我们一起来看日历好吗？

(1)认识年月

①一年有几个月？（12个月）

②2月份的前一个月是几月份？（1月份）2月份的后一个月是几月份？（3月份）

(2)认识月日

①找找6月份在哪里？数一数6月份有几天？（30天）7月份有几天？（31天）

②一年中哪几个月是30天？哪几个月是31天？

③教师教幼儿左手握成拳，用凸凹位置记大月和小月。初步知道大月是31天，小月是30天。

(3)认识星期、日

①一星期有几天？（7天）哪7天呢？（星期一、星期二、星期三、星期四、星期五、星期六、星期日）今天是星期几？

②一星期中，小朋友上幼儿园的第一天是星期几？（星期一）

③请幼儿上来翻日历本，如翻的是×月×日，说出×月×日是星期几？下面小朋友按翻到的日期找找是星期几？

④你喜欢星期几？为什么

3. 玩日历——操作活动

(1)启发幼儿将一个月中的单数用黑棋遮住，数数一个月中有几天双数？几天单数？

(2)你能将遮住的单数念出来吗？

(3)启发幼儿用三个旗子任意遮住三个日期，请对方朋友猜猜，遮住的三个数是几号？然后互相交换，再猜。

4. 智力游戏——对与不对

（幼儿人手一份红、蓝正误牌子）游戏开始，请一位幼儿任意抽一张题目交给教师，由教师当主持人进行提问。例如，“7月份的前一个月是6月份。”请幼儿举出正误牌，判断对与不对。主持人也可请幼儿讲述理由，并给予记分。

活动延伸

1. 教室里可以挂一张年历或日历本。

2. 平时可组织幼儿玩有关节假日等时间的智力活动。

第九单元　幼儿园数学教育活动的评价

【学习目标】

1. 了解幼儿数学教育活动的类型及意义；

2. 掌握幼儿数学教育活动的几种评价方法。

模块一　幼儿数学教育活动评价概述

什么是评价？从字面上来理解，评价应该包括两层含义：评判和价值。所谓评判，就是对评价对象作出判断，具体地说，在幼儿数学教育中，就是对数学教育的目标、内容、过程以及教师、幼儿乃至整个课程等等评价对象，作出一个判断；而价值则是作出评判的基础和标准，即提醒评价者按照什么标准对以上的对象作出这样或那样的判断。

所以，教育评价是根据一定的教育价值观，用科学的方法，对教育活动中的有关要素进行价值判断的过程。它应该有别于一般的测验或测试，而应该被看成是教育过程中的一个重要环节。

教育评价依照其目的、对象和实施范围不同，具有不同的层次。如可以是对整个数学课程结构的评价，也可以是对具体教育活动的评价；可以是对某一地区幼儿数学水平的整体评价，也可以是对小范围幼儿或个别幼儿的局部评价。而对教师来说，更受关注的则是和教育实践密切相关、能够为教师的实践提供直接帮助的活动层次的评价。因此下面我们就以教育活动的评价作为介绍的重点。

一、幼儿数学教育活动评价的意义

应该说，教育评价越来越受到大家的重视。教育行政部门希望运用这一科学的手段对教育的效果加以评鉴。教师也希望通过评价来分析自身的教学得失及诊断儿童的学习困难，以此作为实施补救教学和个别辅导的依据。《纲要》中明确指出“教育评价是幼儿园教育工作的重要组成部分，是了解教育的适宜性、有效性，调整和改进工作，促进每一个幼儿发展，提高教育质量的必要手段。”由此可见教育评价的意义所在。

简单地说，教育评价的作用就是检查教育的效果。而从实际的教育活动进程来看，教育评价则具有多方面的意义。我们可以将其概括为以下几个方面。

1. 鉴别作用

很多时候,我们都是为了作鉴别而开展教育评价。比如,一个幼儿园的教育质量是否"达标"?达到什么等级?这些都需要通过教育评价。在数学教育活动中,也经常需要进行鉴别性的评价。如,教师的教学质量如何,幼儿发展的状况如何,也都需要通过教育评价才能准确地获知。教育评价是为幼儿园、教师、幼儿贴"标签"的依据。

的确,通过教育评价,我们可以对教育活动的各个方面进行科学的鉴别。这里的鉴别包含两层含义:鉴定和区别。

所谓鉴定,就是检查教育的各个要素是否达到了预定的目标,即检查教育目标实现的程度。

教育是在一定的教育目标指引下进行的活动,而它最终是否达到了预定的目标,就需要通过教育评价来加以检查和鉴定。因此,教育评价是达到教育目标的保证。在教育活动评价的实践中,我们可以对教师进行评价,也可以对幼儿进行评价。针对不同对象的评价能够从不同的侧面反映教育目标达成的程度。如我们可以对某一次教育活动的结果进行评价,通过了解幼儿对某一内容的学习情况,来评价教育活动的效果。我们也可以通过对幼儿的评价,鉴定幼儿的发展水平,包括其发展的一般水平和个别差异。

在对评价对象进行鉴定的基础上,我们还可以对评价的对象进行一定的区别,即作出高低、优劣之分。这通常是在对不同的评价对象作横向比较的基础上,而作出的相对的区分。比如,哪一位教师的教学效果更优,哪些幼儿的发展水平更高等等。

2. 诊断作用

在当今的教育评价实践中,渐渐出现了一种趋向,即淡化评价的选拔性功能,而更强调通过评价诊断问题,改进教学,促进发展。也就是说,评价不再仅限于面对教育活动的结果作横向的比较,也开始面对整个教育活动的过程,作动态的、纵向的比较,着眼于教育过程自身的完善和发展。这实际上是强调教育评价的诊断和改进作用。

教育评价的诊断作用,是指通过评价揭示、暴露教育过程中的存在的问题,并根据一定的价值观对这些问题进行分析和诊断,以便教育者明确教育中的症结所在,并在下一阶段的教育中加以改进。

比如,教师在进行某一内容的教学活动之前,有必要了解幼儿对相关知识的掌握情况,为此所开展的评价就具有诊断的作用。教师通过评价可以了解幼儿已经知道了什么,不知道什么,并根据评价的结果在教学中有的放矢,进行有针对的指导。

对幼儿的发展状况进行评价,同样具有诊断的意义。我们可以通过评价了解哪些幼儿发展得较好,哪些幼儿存在不足,以便进行个别教育;还可以了解幼儿的个别差异,以便因材施教。

3. 改进作用

从根本上说,教育评价的目的不在于鉴别或诊断,而是为了改进今后的工作成效。因为教育活动是一个循环往复、持续不断的过程，同时也是一个螺旋上升的过程。在每一个循环中，教育评价都起到总结和检查的作用，可以说它既是“终点”，同时也是新的循环的“起点”。换句话说，教育评价不仅能够鉴定教育的结果，还能为进一步确定教育目标和内容、及时调整教育过程提供依据，最终达到改进教育过程、促进幼儿发展的目的。

在教育活动中，我们需要进行持续不断的评价。即根据教育目标，不断地对照实际的教育结果，找出教育活动偏离目标的程度，以便通过一定的改进措施更好地达成目标。评价能够使教师及时得到反馈的信息，以便调整教学策略，改进教育过程。比如，在教育过程中，幼儿会有各种言语、表情的反应，教师就可以通过这些信息进行评价，了解幼儿对学习内容是否理解，是否感兴趣等等。同时教师还可以根据评价的结果，对幼儿理解有困难的内容进行具体的指导，运用各种方法调动幼儿的学习兴趣，以获取更好的教学效果。

在教育活动结束后进行评价，虽然不能及时地改进教育效果，但也可以在以后的教学中采取某些措施加以补救。对教师来说，教育评价反馈的信息还可以使其在今后的教育活动中不断改进。从这些均可看出教育评价的改进作用所在。

总之，我们要全面地看待教育评价的作用和意义。对于教师来说，不能仅仅把评价看成是鉴别儿童孰优孰劣的手段，而要通过评价更深入地了解儿童发展的年龄特点和个别差异，做到因材施教；也不能仅仅把评价看成是对自己的教学检查，而要通过评价找到问题的症结，以利反思和改进教学。

二、幼儿数学教育活动评价的类型

从不同的角度来看，幼儿数学教育活动的评价可以有不同的类型。

1. 按照评价的对象和内容划分

按照评价的对象和内容划分，数学教育活动评价主要包括两个方面：一种是幼儿发展评价，另一种是教学评价。尽管幼儿数学教育活动的评价总是要关注教师和幼儿两方面，但有时我们出于不同的需要，会将评价的焦点集中于不同的方面。例如，在幼儿发展评价中，评价的焦点就是幼儿的发展状况，包括幼儿发展的总体水平以及个别的差异，而不太关注实际的教学过程。而在教学评价中，则对教学的过程更为关注，尤其是关注教师与幼儿互动的性质，关注教师的教如何促进幼儿的发展。

幼儿发展评价常常运用于各种情形中。为了了解教学活动特别是长期的教学活动的效果，我们可以对幼儿的发展状况进行评价，并对教学活动前后幼儿的发展状况进行对比，以此证明教学活动的作用。此外，教师在开展教学工作时，为了了解幼儿是否具有相应的学习准备，也要对幼儿的发展状况进行一个诊断性的评价，才能将自己的教学建立在幼儿已有的发展水平基础上。幼儿发展评价还能让我们对幼儿发展的个别差异有所了解，帮助教师真正做到“因材施教”。在具体的评价实践中，既有对幼儿发展进行全面的、整体性的评价，也有针对个别幼儿和具体情境的随机性评价。

教学评价则常常是结合具体的教学活动进行。其目的是及时了解教学的效果，帮助教师改进教学。教学评价既可以是对一次教学活动的评价，也可以是对一段时期教学活动的评价。既可以在教学活动过程之中同步进行，也可以在教学活动结束之后进行。

由于幼儿发展评价和教学评价关注的焦点不同，其评价的方法和手段也有所不同。在幼儿发展评价中，我们为了了解幼儿发展的一般和真实情况，要排除教学因素（主要指短期教学）对评价结果的影响，就常常要有意回避教学中涉及的一些内容。而在教学评价中则不必过多考虑这一因素。我们可以采用和教学内容相类似的问题对幼儿进行评价，有时甚至也可以直接用教学的内容进行评价，以了解幼儿对教学内容的掌握、巩固和迁移达到何种程度。

下面的例子说明的就是这个问题。

例：幼儿序列观念的发展水平评价

序列观念是幼儿逻辑观念的一种。为了了解幼儿序列观念的发展水平，包括幼儿对序列中的差异性、传递性和可逆性的认识，评价者计划采用“长短排序”的内容对幼儿进行测查，即提供七根长短不等的棍子让幼儿排序，并检查其结果。出乎意料的是，很多中班的幼儿都能熟练地完成这一排序任务。经过反思，评价者猜测，可能是教师的教学因素影响了评价的结果。因为中班的教师已经把“长短排序”的策略——把最短的一根放在最前面，再从剩下的当中找出最短的一根依次放在它的后面……教给了幼儿。是不是幼儿的学习经验促使其序列逻辑观念提前获得了呢？还是它掩盖了幼儿真实的发展水平呢？评价者对评价的方式进行了调整，即在前面让幼儿进行长短排序的任务基础上，追加一些补充的任务，如：“刚才你是从短到长排队的，现在你能不能用很快的方法把它们按从长到短的顺序排起来呢?”或者在幼儿排序完成以后，又拿出一根中等长度的棍子，对幼儿说：“我这里还有一根棍子，它也要排队呢，你能不能把它排进队伍里呢?”

结果发现，幼儿在这一次评价活动中的表现和前面就有了很大的不同。有的幼儿，虽然能够按从短到长的顺序正确地排序，但是在完成从长到短的排序任务时，并不会在原有的序列基础上，将最后的一根依次调整到新的序列中，而是将其全部打乱，用老师教的方法来进行重新排序。而有的幼儿就能够认识到新的序列和原来的序列之间存在的可逆性关系，在排序时只是将原来的顺序完全颠倒就很快完成了任务。

在第二个追加的问题中，评价者更能明显地看出幼儿能否理解“序列中的任何一个棍子都比前面的长、比后面的短”这一关系，而这正是其传递性和可逆性观念的具体表现。如果幼儿不具备这样的逻辑观念，他就很难帮追加的一根棍子在已经形成的序列中找到合适的位置，而只能将序列完全打乱重新排序，或者完全依靠尝试错误来寻找答案。

由于评价者追加了两个问题，这次评价较好地揭示了幼儿序列观念发展的真实水平。

从上面的例子可以看到，在进行幼儿发展评价时，短期的教学有时会掩盖幼儿的真实发展水平。如果我们要对幼儿的发展水平进行评价，就必需要考虑到这一影响因素并加以规避。而在教学评价中，评价者的初衷就是了解幼儿对教师的教学内容是否理解和掌握，因此就不必过于考虑。这就是幼儿发展评价和教学评价的一个重要的区别。

在评价实践中，幼儿发展评价和教学评价是可以相互印证的。因为幼儿的发展状况能反映出教师教学的情况，而教师教的情况也往往暗示了儿童的学习结果。所以，它们只是从两个不同的方面来进行评价，其评价的结果也是从两个不同的侧面反映了幼儿数学教育活动的情况。

不过，我们也应该看到，教育过程是一个相当复杂的过程。幼儿发展评价和教师教学评价的结果虽然可用于相互印证，但是二者之间也会出现不一致。也就是说，幼儿在评价中表现出较高的发展水平未必就是一次或几次教育活动的直接结果，它有赖于长期的教育影响，甚至受制于其自然的成熟过程和个人的生活经验；同样，一位教师教的不错，也未必就立竿见影地表现为幼儿发展水平的提高，尤其是可见的行为变化。因此，这就要求我们在进行幼儿数学教育活动的评价时，既要从不同的角度进行评价，将不同的评价结果相互印证，同时也要慎重地对待评价结果，避免片面的解释。

2. 按照评价的时段及功能划分

根据教育评价的不同功能，以及它们的运行时段，可以把幼儿数学教育活动的评价分为三种类型：诊断性评价、形成性评价和终结性评价。

(1)诊断性评价

诊断性评价是在开展数学教育活动之前，对教育对象进行的预测性评价。其目的在于充分发挥教育评价的诊断功能，了解教育对象的发展基础，发现存在的问题，以便制定教育计划和实施教育时有的放矢，因材施教。

诊断性评价既可以在学期开始时进行，也可以在一个活动或一系列活动开始时进行。

学期开始时进行的诊断性评价通常都是比较正式的评价。通过诊断性评价，我们可以对幼儿已有的发展水平有所了解，为制定学期的教育目标提供依据。尽管每个年龄阶段的幼儿在发展上具有一些共同的特征，但不同的幼儿仍然存在着明显的差异。这就需要我们对幼儿的发展水平有更具体的了解，以确定本学期集体教育的重点，同时也能针对不同幼儿的具体特点进行个别教育。

在开展某一个教育活动之前，教师也可以通过各种方法对幼儿进行诊断性的评价，以了解幼儿对相关的教育内容具备哪些知识、能力和态度上的准备。这样在设计和组织活动时就能做到有的放矢，根据幼儿的发展水平调整教育目标和内容。

(2)形成性评价

形成性评价是在教育过程中持续进行的评价。其目的在于及时了解教育活动的反馈和成效，以便及时调整教育策略，以优化教育过程。形成性评价通常都是非正式的评价。

在一个持续时间较长的教育过程中，教师需要及时了解幼儿的发展情况，以便根据这些反馈信息计划和组织下一阶段的教育。这就需要开展形成性评价。比如，“数的组成”内容的教育就要持续较长的时期。幼儿对数的组成的理解也是逐渐加深的。首先,他们能了解“分”与“合”的规则是什么,知道数是可以进行分合的。但是对于一个数可以分成几和几则不能在头脑中进行运算,而完全依赖于尝试性的动作。经过长期的练习,幼儿逐渐能熟练地对一个数进行分合,并能穷尽所有的分法。接着,幼儿还能知道数的各种分法可以按照一定的顺序排列出来(如 6 可以分成 1 和 5、2 和 4、3 和 3、4 和 2、5 和 1),这样就不会再有遗漏。这就是幼儿认识数的组成的不同水平。教师在一系列教育活动进展过程中,需要随时了解幼儿的发展水平,知道幼儿对数的组成理解到什么程度,同时根据评价的结果安排教学的进度和操作活动的难度。

在某一个数学教育活动中,也有形成性的评价,这主要是指对幼儿的操作过程进行评价。由于活动时间往往很短,形成性评价经常渗透在教育活动的过程中,教师的评价形式也多种多样。幼儿在活动过程中会有各种表现,这些都是幼儿的学习情况的反映,也是可供教师进行形成性评价的信息。而教师对幼儿的各种反馈,就是发生在教育活动中的形成性评价。

幼儿在操作过程中的表现,往往能充分反映幼儿思维的过程和发展的水平。如有一个男孩在进行“4 的分合”的操作活动时,先把 4 个物体分成 2 和 2 并记录,然后又分成 2 和 2,但是他没有记录。教师问他对不对,他知道这是不对的,但也没有解决的办法。教师提示他先把 4 个物体放在一边,然后再从中分出一些到右边的格子里。他分了一个出来,发现分成了 3 和 1(这完全是尝试的结果),便记录下来。第三次他开始时先分成 3 和 1,然后又通过尝试发现可以分成 1 和 3。通过观察这个幼儿的操作过程,我们就能发现,他对分合的规则(分 4 个物体,要分成两份,每次分的要不一样)是清楚的,但他的动作远没有达到内化的程度,还完全依赖于具体的动作。他每次的尝试动作正是他学习过程的表现。教师对这名幼儿的观察和指导过程,也是进行形成性评价的过程。

形成性评价能够使教师把握教育过程中的随机教育机会,灵活地、创造性地组织教育活动。比如,当幼儿在活动中表现出创造性的行为时,教师如能及时发现并作积极的评价,就能引导幼儿继续深入地探究下去,取得满意的结果。

教育活动中的形成性评价虽然多是非正式的,甚至是隐性的,但却是非常重要的。从最广泛的意义上说,教师在教育活动中的一言一行,一举手一投足,对幼儿都具有评价的作用,都能鼓励、支持、帮助幼儿学习。反过来,幼儿在教育活动中的所有表现,又都是可供教师进行评价的材料,帮助教师更好地组织和指导教育活动。

(3)终结性评价

终结性评价是在完成某个阶段的教育活动之后进行的评价,其目的在于了解这一阶段的教育效果,对达成教育目标的程度作出总结和鉴定。终结性评价一般都是正式的评价。

终结性评价是一种事后的评价。幼儿园里某一阶段(如一学期)教育结束时,就需要对幼儿的各方面发展进行终结性评价,借以了解每个幼儿的发展情况,对于一个教育活动来说，在活动结束时也有必要进行终结性评价，以了解这次教育活动的效果。

终结性评价是针对幼儿的学习结果而进行的评价。它一般只关注结果，基本不涉及对过程的评价。终结性评价可以通过对幼儿的测查、调查进行，也可以直接评价幼儿的作业或作品。

以上三种类型的评价，不仅在运行时段上不同，在幼儿数学教育活动中所起的作用也不一样：诊断性评价的主要功能是诊断，即帮助教师在开展教育活动之前了解幼儿的发展水平和学习准备状况；形成性评价则是在教育活动过程中及时反映教学两方面的信息，帮助教师及时改进教学；终结性评价则更多地表现出鉴定和鉴别的功能。在具体的评价方法上，有的是比较正式的，有的则是非正式的。

在幼儿数学教育活动的评价中，常常要在不同的时段对幼儿进行评价，并将评价的结果加以对照，才能追踪幼儿发展的全过程，看到幼儿发展的真实面貌。

3. 按照评价的主体划分

我们还可以按照评价的主体不同，把幼儿数学教育活动的评价分为外部评价和内部评价。其中外部评价又称他人评价，是指由第三者（如园长和教育行政人员、科研人员等）从外部对数学教育活动进行的评价。而内部评价是指参与教育活动的人对教育活动的自身评价，又可分为教师评价和幼儿自我评价。

外部评价通常是由专门的人员组织实施的。从外部来评价幼儿数学教育活动，往往能够获得比较客观、可信的结果，并且具有一定的可比性。例如，园长为了了解教师的教学情况，就要对教育活动进行评价，这就是一种外部评价。通过对不同班级之间的比较，园长还可以对不同教师的教学情况、教学效果进行比较客观的评价和鉴别。

不过，尽管外部评价比较客观，但它也有不足之处：由于评价者是外在于教育活动的观察者而没有参与到活动中，甚至对教育活动的过程一无了解而只是对活动的结果加以评价，从而导致评价信息的不完整。因为评价者是教育活动的“局外人”，往往不能亲历教师在特定教育情境下的感受，也无法体验幼儿自身的学习过程，其评价结果也就失去了一定的“真实性”。相反，在内部评价中，无论是教师评价还是幼儿评价，被评者就是评价者，这种“主观”的评价反而更能深入教育活动过程中，而且更能发挥评价工作的激励功能和改进功能。

教师在组织教学活动的过程中，不仅要考虑自己怎样教、也要了解幼儿怎样学，并且要根据幼儿学习的情况调整自己的教学策略。而这一切都离不开评价。教师自觉或不自觉地扮演着评价者的角色。

例：通过活动中的评价及时调整教学策略

某大班教师设计了一个“人民币购物”的活动。她计划先让幼儿从“1 元”“2 元”“5 元”的“纸币”中取出 10 元钱，然后用这 10 元钱去“购物”，以获取相应的加减运算经验。但是在活动开展时，她发现幼儿在第一个教学环节的表现不尽如人意：有些幼儿取出的钱加起来超过了 10 元，也有些幼儿尽管取对了，但是他们都认为自己取出的是 10 元钱，而别人取出的和自己不一样，就不是 10 元钱。由此，她便及时调整了活动的安排，让每个幼儿说明自己是怎么取出 10 元钱的，并且看看别人取出的和自己是不是一样。是不是 10 元钱。这个活动并没有完成预定的目标，然而幼儿却有了很多收获，他们知道可以有很多方法组成 10 元钱，实际上对于 10 的组成也有了更丰富的理解。

作为“反思型”的教师，一个重要的品质就是能够在教学过程中进行持续不断的评价，并根据评价结果及时改进教学。上面的教师就是一例。幼儿在教学活动中的表现不仅说明了他们的年龄特点，也是教师教学是否有效的真实反馈。教师通过观察幼儿的行为表现，能有助于反思自身的教学，并及时加以改进。

在一次教学活动结束后，或者在一个阶段的教学结束以后，教师也可以对自身的教学进行反思性的评价。这些评价活动都是教师改进自身教学的重要前提。由于评价的实施者和教学的实施者相统一，评价的信息能够及时、完整地反馈到教学过程中，发挥其改进教学的功能。

内部评价不仅是指教师对自身教学的评价，它还应包括幼儿对自身学习过程和结果的评价。在当代的教育评价实践中，越来越强调“多元评价”的观念。而“多元评价”的一个重要方面就是评价主体的多元化，尤其是让幼儿参与到教育评价的过程中。幼儿作为教育活动的参与者，完全可能也应该参与到对教育活动的评价中。教师鼓励幼儿对自身和同伴的学习进行反思和评价，可以促使幼儿的学习更自主，同时促使同伴之间的相互学习和交流。如在上面的例子中，教师引导幼儿观察、判断和思考：自己取钱的方法对不对？和别人的方法一样不一样？别人的方法是不是正确？在这一教学过程中，幼儿扮演着学习者和评价者的双重角色，也就是说：儿童通过评价学习。

除了在数学教育活动中展示和交流各自的学习结果，幼儿还可以在活动结束之后将各自的学习结果（如作业）展示出来并和同伴交流。例如，在一次活动中，教师让每个幼儿尝试把一个长方形变成一个梯形。幼儿完成后，教师又让他们把自己变成的梯形都展示在白板上，引导他们比较自己和别人做的有什么不同。这实质上就是一种自我评价。幼儿的自我评价能促进幼儿的反思性学习，同时也能激发幼儿的学习动机。

在幼儿数学教育活动的评价中，外部的评价和内部的评价各有其作用。这几种不同的评价之间是相互补充、相互映证的关系。而由不同主体、从不同角度进行评价的结果，则可以使评价者（包括教师、幼儿乃至局外人）对幼儿数学教育活动有更丰富、更全面的理解。

模块二　幼儿数学教育活动评价的方法

教育评价首要的任务是全面、真实地反映评价对象的状况。为了保证教育评价建立在客观事实的基础上，我们就必须借助适当的方法。

在幼儿数学教育活动评价中，无论是收集评价资料，还是对评价资料作出解释，都要坚持科学性，即不是通过主观臆测对对象作出判断，而是依照第一手的客观材料来描述对象。

特别是在收集评价资料时，必须严格按照科学的程序，有组织有计划地设计和实施，包括运用观察、调查、访谈等方法，来获取有关的事实资料，以保证结果的可靠性和代表性。比如，我们要通过观察的方法评估某班幼儿的行为，就要制定和执行统一的评估标准，才能保证结果的可靠性；要对评价对象进行科学的抽样，才能保证结果具有一定的代表性。

但是，科学的方法并不一定是正规化、标准化的测验。特别是在幼儿数学教育的评价中，我们更应强调通过多元化的方法，而不是标准化的程序来收集评价资料。这具体地表现为：教师应注重针对每个幼儿的特点进行个别化的评价，而不是用统一的标准来衡量不同的个体；应注重对幼儿的行为进行整体的评价，而不是孤立地评价幼儿在特定情境下的行为；应注重从幼儿发展的全过程来进行评价，而不是进行静态的评价。此外，作为教育评价所应有的功能，我们还应强调将评价资料的收集和教育活动的开展结合起来，即在教育活动的过程中进行评价，做到“教师通过评价教学、幼儿通过评价学习”。

从以上的评价观念出发，本节将介绍在幼儿数学教育活动评价中常用的方法。需要说明的是，教育评价的过程包括了从确定评价目的、设计评价方案、实施评价方案到处理评价结果的若干步骤，这其中均涉及方法的问题。而收集评价资料是幼儿数学教育活动评价中工作量最大、技术性也最强的一个步骤，是评价获得成功的关键。因此这里对评价方法的介绍也就限于收集评价资料的方法。在这些方法中，有的是标准化和量化的方法，可用于比较正式的评价活动中，而也有些则属于非正式的评价方法，教师可以结合教育活动的过程，运用于随机开展的评价中。

一、观察法

观察法就是在自然状态或准自然状态下，对评价对象的行为进行现场观察，并根据观察结果进行分析、作出评定的一种资料收集方法。这种方法在数学教育活动评价中的运用最为广泛，既适用于幼儿发展水平的评价，也可以用于对教学情境中师幼互动行为的评价。同时，观察的具体方法也很多。其中既有既有比较结构化和数量化的方法，如行为检核；也有比较随机化和质化的方法，如事件详录。下面就对这两种常用的观察方法加以介绍。

1. 行为检核

行为检核的方法就是在观察之前，依据评价的内容确定观察的目标，并制成一份观察行为检核表，将要观察的行为列在表中。实际观察时，观察者只要对照行为检核表中的各个项目进行逐条检核，并在符合的条目上作记号就可以了。

行为检核的观察方法对观察者的要求不高，实施起来比较方便，教师甚至可以同时对几名幼儿进行观察和记录。观察到的结果也以数量化的形式呈现，便于教师进行整理和比较。

行为检核一般要求教师在观察现场作出记录。在进行观察之前，教师要制定一份观察行为检核表，检核表中的行为必须反映教师想要评价的内容。在进行观察时，观察者在事件现场即时记录所发生的行为（有时还要记录行为的发生过程，行为出现的次数，持续的时间等），要力求保持客观、真实、详尽的记录，而避免主观的臆想或推断。下面的例子就是行为检核法的应用。

例：用行为检核法对幼儿在数学角的活动进行观察评价

某教师在数学活动角中为幼儿提供了各种数学活动的材料，让幼儿自由地选择材料、进行操作。她为了了解每个幼儿是否选择数学材料，操作过哪些数学材料，就通过行为检核的方法进行观察和评价。

2. 事件详录

事件详录，就是详细记录某种特定行为或事件的完整过程并作评价。事件详录的方法对观察者的要求比较高。它需要观察者能够敏锐地捕捉到有价值的信息，并加以及时的记录。它没有现成的记录表格，完全靠事件发生时的速记。但是这种方法也有优点，它便于教师灵活地记载观察到的幼儿的各种行为，并作出评价。而且事件详录方法所获取的资料比起前面的方法更加生动、具体，更能完整地反映幼儿行为的面貌。

下面就是一位教师观察并记录的幼儿行为。

例：用事件详录法记载小班幼儿在“按数量匹配实物”的操作活动中的行为

在小班（下学期）“按量对应，感知5以内数序”的活动中，教师为幼儿提供了兔子卡片（卡片上兔子的数目从1到5不等）和“萝卜”（花片），要求幼儿按卡片上兔子的数量，匹配相同数量的“萝卜”。幼儿甲先数出卡片上有几只兔子，然后再数出相同数目的“萝卜”来，把它们一起放到相应的格子里。幼儿乙数了一下卡片上的兔子，然后边看着卡片上的兔子，边从小筐里一只一只地把“萝卜”取出来放到一旁，并且“萝卜”的排列方式和卡片上兔子的排列方式也是一样的，等取出足够多的“萝卜”后。他又把这些“萝卜”一个一个地放进这张卡片对应的格子里。而幼儿丙操作时并没有去数有多少兔子，就直接从小筐里把“萝卜”一个一个地拿出来放进和卡片相对应的格子里，他也能做到“一个兔子送一只萝卜”，不仅如此，他每次放“萝卜”的时候还要将这只“萝卜”和要送给的那只兔子碰一下才放进去。

以上所描述的不同幼儿的行为实际上反应了不同幼儿数概念发展的不同水平。根据以上记录，我们可以对小班幼儿的行为作进一步的分析、评价：有的幼儿已经有了明确的数量概念并能做到按量对应，如上述第一位幼儿；但是也有幼儿还没有完全达到这一水平，如上述第二位幼儿尽管也有了数量的概念，但是他在进行“按量对应”的操作时，还要借助于形象（物体的具体位置）；而第三位幼儿更是没有真正达到“按量对应”的水平，而处于“一一对应”的水平，他还要借助于具体的、外化的动作来实现对应，远不能做到在头脑中将这些动作综合起来。

在上例中，教师可以通过观察和比较不同幼儿的行为，来对他们的发展水平进行评价。除此之外，我们也可以以幼儿个人为参照系，通过长期的观察获取其行为变化的纵向资料，从幼儿发展的全过程来加以评价。在教育实践中，教师如果能坚持使用事件详录的方法，对幼儿进行长期的观察和记录，日积月累，就能掌握有关幼儿发展过程的丰富资料，这对于教师开展过程性的评价是非常重要的依据。

下例记录的是观察者对某小班幼儿近一个月的观察，从中我们可以看出该幼儿对“标记”意义的理解是怎样发展起来的。

例：用事件详录法记载某小班幼儿在“给片片分类”的操作活动中的行为（持续一个月）

观察者第一次观察到这个女孩是在11月7日。教师布置的任务是将片片先按特征分类，然后从四种标记（红、绿、圆、方）中选择两张插在分类盒中。她总是从最靠近的地方取标记，而不考虑标记的意义。第一次她分的是绿圆片和绿方片，插的是红绿颜色标记（错误）。第二次分的是红片片和绿片片，插的也是红绿标记（正确）。第三次分的是绿圆片和绿方片，插的还是红绿标记（错误）。教师开始注意到她，并且加以启发和纠正，但她都不接受。当她玩第四次（按红绿颜色分类）时，观察者故意将红绿标记放在远离她的地方，她起先想拿红、绿标记，但是够不着，便拿了靠近她的圆、方标记。可见，尽管她对标记的知觉是正确的，但并不理解标记的意义。

在一个星期以后（11月13日）的活动中，她仍然表现出不理解标记的意义。但观察者发现她每次总是拿同一个层次的标记，如圆和方、红和绿，如果给她红标记和方标记，她则认为这样不对。

又过了两个星期（11月28日），她终于能够正确地完成这个任务了：她把片片按颜色分在两个格子里，然后拿了一张红标记插在红片片的格子上，观察者说：“把它插到这里（放绿片片的格子）行不行？”她说：“不行，它的颜色不对。”然后便插回到红片片的格子上，又拿了一张绿标记插在绿片片的格子上。观察者又拿出两张圆、方标记，问她行不行，她指着圆标记说：“这是圆标记，它表示圆的东西。”

总之，观察法可以让我们在自然的情境中获取有关评价对象行为的客观资料。教师在日常的生活或教育活动中，通过观察和记录幼儿的行为表现——“做什么”和“怎样做”，并对此进行恰当的解释和分析，就可以对幼儿的发展（包括其认知能力及兴趣、态度）进行有效的评价。作为教师，应该熟练掌握观察和评价幼儿行为的技能。

二、测查法

测查法，或称测试法，就是通过预先准备的问题对幼儿的发展水平进行调查。在幼儿数学教育的评价中，尤其是在学前儿童数学概念和能力发展的评价中，测查法是一种重要的方法。它由统一的测试题目和测试程序构成，它的优点是可以对大量的对象进行标准化的测试，能在较短的时间内获得大量的反馈信息，而且便于进行量化的统计分析。

在运用测查法时，需要做以下几方面的工作。

（1）设计和编制题目

评价者应根据评价的目的，拟定测试的内容和题目。题目的数量不能太多，以免引起儿童的疲劳。

在拟定题目的同时，还要拟定相应的指导语，以便测试员进行测试时统一要求。有时还需要拟定一些补充问题，遇到儿童不理解问题时，或评价者需要进一步获取信息时，可以使用补充问题。但补充问题也应统一、规范。总之，测试的问题及指导语都应该明确、简练、易懂。

(2)准备测试所需的操作材料

幼儿数学教育评价所用的测试题，经常是需要幼儿操作实物材料的题目，而不是单纯的纸笔测验。这样的形式不仅符合学前儿童的特点，也便于评价者在测试的同时观察儿童操作的过程，进而了解其思维的过程。因此在设计了测试题目以后，还要根据需要为幼儿准备适当的操作材料。

(3)设计记录表格

记录表格一般用来记录儿童在操作过程中行为表现或语言的回答，是日后进行统计分析的原始材料。因此，在设计记录表格时，要对儿童可能出现的行为表现或回答加以归类，测试时只需在相应的格中作记号，或者作简单的补充就可以了。

例如，在进行计数能力的测试时，评价者可以事先列出儿童可能会出现的能力水平，然后列成下面的表格，供测试时填写。

(4)拟定评分标准

根据测试题目的不同类型，还需拟定恰当的评分标准。有的题目只有对和错两种结果，如加减运算题，最后可计算正确率。也有的题目可以进行等级评定(如上面的计数能力测试)。

对大班幼儿的测试，如果仅仅是纸笔测试，不需要其他的材料，可以由教师口报题目及要求，若干儿童集体进行。而对较小的儿童，或者需要让儿童进行操作的测试题，则应采用面对面的方式个别进行。

下面通过一个具体的测查题目来说明测查法的应用。

例:大班幼儿数目守恒能力的测查题

测查对象:幼儿园小、中、大班幼儿各 30 名

测查材料:相同的圆形纽扣 20 枚

测查题目及指导语:

(a)(教师当着幼儿的面将两排各 10 颗钮扣一一对应)

"请你看看，这里有两排纽扣，它们是不是一样多?"

(如果幼儿不能确认相等，可提示其注意到两排纽扣是一一对应的)

"好的，现在看我做——"(当着幼儿的面将下面的一排纽扣散开，使其看上去比上面一排更长)

"现在它们还是一样多吗? 为什么?"

(如果幼儿不能正确回答)

“怎样才能让它们变成一样多呢?”

(如果幼儿不能将其恢复成一一对应的排列形式，教师可以将其重新恢复为一一对应的形式，并确认现在又是一样多了)

(b)(教师再一次当幼儿的面将下面的一排纽扣散开，摆放成和上一次不同的形式如长长的圆弧形)

“现在它们还是一样多吗? 为什么?”

(待幼儿完成测试后教师说，“好的，谢谢你!”)

三、临床法

“临床法”是皮亚杰独创的一种研究儿童思维发展的方法，其实质就是和儿童的谈话。它是自然主义的观察、测验和精神病学的临床法的合并应用。临床法的特点就是研究者设计的问题生动有趣，谈话过程具有灵活性，研究者不打断儿童的思路，强调让儿童的思想真实、自然就地流露出来。作为一种“质”的研究的方法，临床法能够向我们提供儿童思维的很多丰富、生动而真实的情况，因此在幼儿数学教育的评价中，也有其应用价值。

皮亚杰理论的实践者、数学教育专家凯米依说:“儿童做错事，常常是因为他们用自己的智慧按照自己的方法去做的。既然每个错误都是儿童思想的反映，那么，教师的工作就不能是去纠正答案，而应该是去弄清错误产生的原因。”它给我们的启示是:教师不必急于教给幼儿什么，而首先应该是研究幼儿，特别是研究他们的错误。这可以使我们获得很多有价值的信息。

临床法和观察法的不同在于，评价者不是一个“旁观的”观察者，而要在观察幼儿的基础上，通过和幼儿的对话使其展现自己的思维，从而了解其思维的发展水平并作出评价。评价者在运用临床法时，既不是直接地指出儿童的错误，也不是简单地记录儿童的错误，而是要让儿童充分“暴露”自己的错误，引导儿童自己产生认知上的冲突，并观察其表现，从而真实地看到儿童的发展水平。

下面这个例子就是教师在教学过程中对幼儿进行随机性评价时，运用“临床式”方法获取的评价资料。

例:在“临床式”的指导中评价幼儿的发展水平

有一中班女孩在小组活动中选择了“印点子”的作业(需要她在 7 和 9 之间的格子里印上 8 个点子)。她起先点了 7 个点子，教师问她应该是几，她回答是 8。“怎样才能是 8 呢?”她去掉了一个点子。教师让她数数看现在是几，她数了以后说:“现在是 6 了。”“怎样才能是 8 呢?”她说再去掉一个。于是去掉一个点子后再数，发现变成 5 了。这时她便加了一个点子，一数是 6，又加一个，一数是 7。然后她又去掉了一个点子，变成了 6。这一次她加了两个点子，但是又数错了，数成 7，又准备去掉一个，教师提醒她再数一遍，她发现正好是 8 个，终于完成了任务。

在以上过程中,教师并没有直接纠正幼儿的错误,而是让其充分展露,从中我们可以清楚地看到幼儿对相邻两数数量关系的认识水平:她朦朦胧胧地知道相邻数之间是“多一少一”的关系,但不知道究竟是“多一”还是“少一”。她的成功也完全是尝试的结果,而对于相邻数之间的关系她还没有本质上的理解。

总之,通过临床法获得的资料真实可信,而且生动具体,富有个性。由于通过这种方法获得的资料比较难以标准化,而且费时费力,难以取得大样本的资料,过去一般很少用它作为收集资料的主要方法,只是用来验证采用其他方法收集的资料的真实性,或者补充其他方法收集到的资料的不足,如将临床法结合到其它的评价方法(如测查法)中。近年以来,由于定性研究越来越受到推崇,这种方法也越来越普遍地应用于比较正式的评价中。

但是临床法对评价者的素质要求是非常高的。它不仅要求评价者对评价的内容非常熟悉,还要求评价者本人具有较高的语言技巧和敏锐的洞察力,善于倾听对方和理解对方,善于引导对方,不用自己的观点影响对方。

值得一提的是,对于幼儿来说,临床法是最让他们感到轻松的方法。因为是在一种平等的气氛中进行谈话,幼儿可以不必害怕出错,从而大胆表露出他的真实想法。在幼儿数学教育评价中,特别是在教师对幼儿开展个别指导时,我们应该充分地利用临床法。

四、作业分析法

所谓作业分析法,就是通过对幼儿的作业进行分析,来了解幼儿的发展水平,或检测教学活动的效果。

在幼儿数学教育活动评价中,除了直接观察幼儿行为或对幼儿进行测试时,也可以通过分析他们的作业来间接了解他们的学习情况。同时,幼儿的作业还是对教师教学效果的反馈,教师还可以根据幼儿作业中的错误加以诊断,改进教学。如下例。

例:根据幼儿作业中存在的问题改进教学

在中班(上学期)“做比 5 少的点子卡片”活动中,教师发现幼儿的作业出现一个奇怪的错误:不少幼儿不仅做了 1、2、3、4 的点卡,还做了 5 的点卡。

在教学中,教师已经让幼儿通过比较知道:1、2、3 都比 4 少,5 不是比 4 少。但是没有拿 4 和 4 比较。因此,幼儿在小组作业时不知道 5 不是比 5 少,而出现做 5 的点卡的错误。教师据此发现了教学中存在的小小失误,在进行作业评价时,让幼儿通过比较知道“一样多”和“比……少”是不同的。

从上面的例子可以看出,作业分析法和教学活动的联系非常紧密,它适用于教师对教学活动的评价。由于作业分析能够及时反映教学中存在的问题,因此可以充分发挥评价的改进功能。

作业分析法相比观察、测查等方法具有间接性,因而教师可在教学过程结束之后,有充分的时间对幼儿的作业进行分析,并在了解全班幼儿普遍水平的基础上进行横向的比较,做到既掌握全面情况又发现个别问题，从而克服了在教学过程中由于时间、精力等诸多因素造成观察不够细致和全面的缺点。

作业分析法可以帮助教师迅速、简便地获知幼儿的学习情况，但是它也有其不足。它较多地反映了当前教学的影响，而不是幼儿稳定的发展水平。而且，幼儿对于不同的作业形式（如熟悉的作业和不熟悉的作业、具体形象的作业和比较抽象的作业），很可能表现出不同的水平来，从而掩盖了其真实的发展水平。这就要求教师能够透过不同形式的作业，看到幼儿真实的发展水平。以下所举的例子就说明了这一情况。

在上面的例子中，我们可以看出，在不同的作业任务中，幼儿的表现都不一样。由此我们可以进行两个方面的分析：一是可以看到幼儿对“6 的分合”这一学习内容所表现出的能力层次：从不能完全列举 6 的 5 种分法，到能够完全列举，乃至能够按照一定顺序排列出 6 的 5 种分法。此外，我们从幼儿完成作业的情况还可以看出，这四种作业具有不同的难度。第一种作业有具体的形象存在，幼儿只需正确计数并记录就能完成。第二、三种作业需要幼儿能对 6 个圆圈或 6 个片片进行分合，但也有具体形象的支持。而第四种作业要求幼儿自己画出 6 个圆圈并分别画在两个格子里，他们就不容易完成了。通过研究和分析幼儿的作业，教师就可以了解每个幼儿的实际水平，做到因材施教。

五、展示法

展示法就是让幼儿展示、交流其学习的过程和成果。当前教育评价方法变化的一个重要趋势，就是从测试情境中的评价，转向实际生活情境下的评价，以及和教学情境紧密结合的评价。展示法和前面所属的作业分析法一样，都是和实际的数学教育活动紧密结合的评价方法。在幼儿数学教育活动中，教师可以将作业（或作品）的展示融于教育过程之中，使其发挥教育评价的功能。

展示法和作业分析法不同的是，它更多地体现了评价主体多元化的思想。作业分析的主体一般是教师，而在展示法中，幼儿自己展示自己的作品，自己也可以欣赏自己的作品。除了教师之外，每个幼儿（包括自己和同伴）都成了评价的主体。除此之外，幼儿的作品展示还可以向局外人开放，使更多的人参与到对幼儿作品的评价之中。

鉴于展示法的这一特点，它正成为当前幼儿数学教育活动评价中最有生命力的方法。它的特点和独特意义表现在以下几方面。

第一，它可以真实、完整地记录幼儿的学习过程和成长历程。

美国学者在进行儿童多元智能评价的研究实践中，创造出一种称为“作品夹”的评价方法，就是把幼儿在不同时期的最好的或最有意义的作品收集起来，一段时期以后，我们就可以从中看出幼儿的发展历程。这一方法同样也可以运用到幼儿数学教育活动的评价之中。我们可以将幼儿数学学习的成果（作业或作品）收集、保存和展示出来，这样不仅便于教师进行作业分析，还可以让幼儿进行同伴交流，更为宝贵的是，它能忠实地记录幼儿的进步，为我们了解幼儿发展的过程提供具体的材料。下例就是教师在一个历时数周的主题活动过程中，收集的幼儿作业。

例：作业展示了幼儿的进步——大班幼儿学习用“表格”记录“商品”的种类和数量

在这个主题活动过程中，教师利用“记录超市里的商品”这一情节，引导幼儿理解表格的意义，学习运用表格来进行记录。这个主题持续了好几周时间，从幼儿每次的记录方法中，我们可以看到他们的思考和创造、反思和进步。

第二，它能使幼儿的学习过程更为丰富、形式更为生动。

幼儿数学学习的成果应该是丰富多采的，而应不仅仅表现为作业的形式。例如，在认识数字的活动中，教师除了教幼儿辨识数字，还可以鼓励幼儿用各种各样的材料做成阿拉伯数字的形状，以加深其对数字的认识。此外，还可以引导幼儿去寻找、搜集各种带有数字的物品，让幼儿感受到数字在生活中的应用。在此基础上，教师和幼儿一起商量如何将制作成的作品、搜集来的物品展示出来，这些活动已经是数学活动“之外”的活动，然而又是师生共同欣赏和评价的过程。在这个过程中，幼儿通过丰富和生动的活动，可以充分表达他们的认识和感受。

例：“有趣的数字”展览——展示幼儿对数字的认识

在认识数字的主题中，幼儿在进行了一系列活动以后，和教师一起把他们学习的成果展示出来。包括：他们用各种材料做的数字、它们找到的带有数字的物品、甚至还有自己制作的带有数字的东西……

第三，它能充分发挥幼儿的主动性和积极性，促进幼儿在反思中学习，更好地发挥评价的激励作用。

展示的评价方法，把教育评价和教育过程融为一体，也使幼儿更加主动、积极地参予到教育之中。幼儿既是展示品的作者和展示的布置者，也是展示的参观者。当幼儿意识到自己的作品将被展示时，他们会更精心地去完成其作品；当幼儿在选择和布置展示作品时，他们会自发地将自己的作品和别人进行比较和交流；当幼儿向别人介绍他们自己的作品时，他们必定会充满自豪感，同时也不可避免地要对自己的学习加以反思。可以说，展示法是能够让每一个幼儿都积极、主动参与的评价方法，也是能够让每一个幼儿都体验到成功的评价方法。

以上具体介绍了各种收集评价资料的方法。在幼儿数学教育活动的评价实践中，选择适当的评价方法非常重要。这里尤其要强调如下两点。

一是评价方法要服从评价的目标，即根据不同的目的选择恰当的方法。有的评价需要系统地、有组织、有计划地实施，如在学期结束时对幼儿全面发展状况的评价。但在幼儿数学教育活动的评价中，更多的是随机的、非正式的评价，在教育活动中，通过师幼之间的互动而进行。教师可以不断地从幼儿的言语和行为表现之中获取有用的信息，并作出相应的判断和反应。而实际上，教师对幼儿言语、行为的观察和反应，都带有评价的性质，都可能是一次“隐性的”评价。

二是要考虑到幼儿学习的特点和数学学科的特点。在收集资料时，要采取正式和非正式相结合、开放与封闭相结合的手段，即既要有封闭式的、标准化的测量，也要有开放性、随机性的评价。在对测查结果进行分析、评价时，要坚持质的分析和量的分析相结合的原则，才能全面地理解所得信息。

总之，教师必须坚持评价的科学性、有效性和可靠性，要充分认识到评价在幼儿数学教育中的作用，不是为评价而评价，而是树立起“发展性评价”的观念，使之真正成为促进幼儿发展的手段。

【单元小结】

本单元简述了幼儿园数学教育活动的评价的意义、类型和方法。

幼儿园数学教育活动的评价依照其目的、对象和实施范围不同，具有不同的层次。从实际的教育活动进程来看，教育评价则具有多方面的意义。

1. 鉴别作用；

2. 诊断作用；

3. 改进作用。

从不同的角度来看，幼儿数学教育活动的评价可以有不同的类型。

1. 按照评价的对象和内容分；

2. 按照评价的时段及功能分；

3. 按照评价的主体分。

教育评价的首要任务是全面、真实地反映评价对象的状况。为了保证教育评价建立在客观事实的基础上，我们就必须借助适当的方法。

1. 观察法；

2. 测查法；

3. 临床法；

4. 作业分析法；

5. 展示法。

【思考题】

1. 幼儿园数学教育活动的评价的目的是什么，有什么意义？

2. 幼儿园数学教育活动评价分几个类型？

3. 幼儿园数学教育活动有几种评价方法？请根据自己的理解，结合实际，谈谈应该如何适当选取评价方法。

参 考 文 献

[1] 关业刚,王栋材.幼儿数学活动指导[M].北京:北京师范大学出版社,2013.

[2] 周梅林.幼儿数学教育活动设计与指导[M].北京:中国劳动社会保障出版社,2013.

[3] 梁慧琳.幼儿园数学教育活动设计[M].北京:中国社会出版社,2010.

[4] 黄瑾.幼儿园数学教育与活动设计[M].北京:高等教育出版社,2010.

[5] 张慧和,张俊.幼儿园数学教育[M].北京:人民教育出版社,2009.

[6] 金浩.学前儿童数学教育概论[M].上海:华东师范大学出版社,2000.

[7] 霍力岩.学前教育评价[M].北京:北京师范大学出版社,2000.

[8] 李淑贤.幼儿园数学教育理论与实践[M].长春:东北师范大学出版社,1994.

[9] 张慧和.学前儿童数学教育[M].长春:东北师范大学出版社,2001.

[10] 廖丽英.幼儿数学教育[M].北京:中国劳动社会保障出版社,1999.

[11] 朱幕菊.幼儿园教育指导纲要(试行)解读[M].南京:江苏教育出版社,2002.

[12] 王坚红.学前教育评价[M].北京:人民教育出版社,1994.